JN439204

비교될 수 없는

가치

박수민 산문집

교음사

| 책 머리에 |

'한국기독교수필문학회'는 회원들이 매월 1회 모여 예배드리고 이어서 문학 공부를 한다.

그리고 연말에는 동인수필집 『기독교수필』을 전도용으로 발행한다. 이 일은 지난 28년간 1회도 거르지 않고 실행해 왔다. 나는 지난 16년간 이 모임에 참여하면서 신앙과 문학에 대해 많은 것을 배우고 있다. 특별히 시를 쓰던 나는 수필은 초보자였는데 여러 회원님들의 지도를 받게 된 것을 큰 행운으로 생각한다. 돌이켜 보니 지난 16년간 『기독교수필』에 발표한 산문이 40여 편이 되고 시도 15편이 된다. 이 중 산문은 절반이 일반 수필이고, 절반은 제목(공동제)을 지정해서 쓴 성서와 기독교 신앙생활에 대한 글이다. 오래 전에 쓴 글도 있고 너무 종교에 치우친 글도 있어 새로 쓰거나 가필할까 했지만 그때그때 정성을 다해서 썼던 것이 기억나서 그대로 쓰기로 했다.

이번에 이 글들을 모아 산문집 『비교될 수 없는 가치』를 엮었고, 여기에 타 지면에 이미 발표한 산문 몇 편을 함께 포

함시켰다. 그런데 다시 보니 너무나 미흡해서 부끄러운 마음이 앞선다.

무식한 촌부일지라도 사랑하는 사람을 대하면 나름대로 인생을 말하고 자기의 삶을 이야기 하지 않던가. 미완의 인생론을 진지하게 말하고, 몇몇 사람이 경청하는 광경을 시골 마을에서 자라며 많이 보았다. 이러한 정겨운 대화는 침묵보다 유익하며 안 한 것보다 나은 것이 아닐까. 사랑하기 때문에 말하지 않고는 못 견디던 그 촌부의 심정으로 감히 이 산문집을 내며 용서를 빈다.

2019년 가을

저자 박수민

박수민 산문집

비교될 수 없는 가치

3. 나와 나의 싸움

4. 믿음은 하나님의 선물

5. 겉옷과 가죽책

6. 시(詩)

1부

남한산성을 오르며

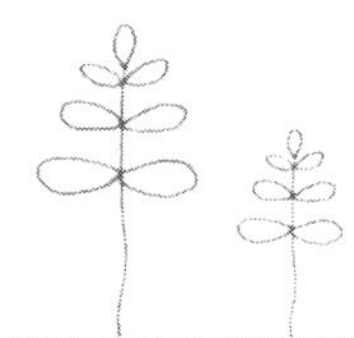

비교될 수 없는 가치

우리 아파트 옆에는 유치원이 있다. 병아리 같은 꼬마들이 마당에서 뛰노는 모습을 보면 마음이 흐뭇하다. 모두가 예쁘고 귀엽다. 눈이 작은 놈은 작아서 눈이 큰 놈은 커서 귀엽다. 얼굴이 긴 놈은 길어서 둥근 놈은 둥글어서 예쁘다. 웃는 놈은 웃어서 우는 놈은 우는 모습이 귀엽다.

모두가 좋다. 거기에는 우열의 기준이 없기에 비교해서 차별할 수 없다. 하나하나가 천진하고 순수한 자기만의 가치를 지녔기 때문이리라. 이러한 것은 초등학교나 중고등학교 교정에서도 느낄 수 있을 것이다. 자라나는 천진한 청소년들을 석차를 정해 평가한다면 얼마나 잘못된 교육인가 하는 생각을 했다. 이러한 것은 어른 사회에서도 적용되지 않을까

사람들은 외모나 재능이 다양하고 취미도 각각 다르다. 그

리고 그 재능에 따라 다양한 직업과 다양한 활동을 하며 살아가고 있다. 사람은 그 하는 일에 따라 그만이 풍기는 위엄과 아름다움이 있고 이것은 무엇과도 비교할 수 없고 우열을 가릴 수 없는 그만의 소중한 가치일 것이다. 창조주 하나님께서도 이러한 세상을 보면서 "보기에 좋구나" 하실 것 같다.

'너희 한 사람 한 사람은 온 우주보다 소중한 존재다'라는 그리스도의 말씀을 다시 한 번 음미해 본다. 그런데 안타까운 것은 현실의 사람들은 주관적인 고정된 가치관으로 사람들을 평가하는 경우가 너무나 많다. 외모나 재능, 가문이나 재산, 지위나 학벌 같은 것으로 우열을 정하고 이웃을 폄하하기도 하고 추켜세우기도 한다. 개개인이 갖는 그만의 가치와 소중함은 안중에도 없고 외형적인 것으로 평가하고 차별한다. 이러한 사람들의 평가로 일생 열등의식에 빠져 사는 사람도 있고 우월감에 도취된 사람도 많다. 크게 잘못된 가치관으로 안타까운 현실이다.

유달영 씨의 덴마크 농촌체험기에 보면 덴마크의 소농들이 사는 농촌에 그 나라 농림부 장관이 방문했을 때 보았던 것을 쓴 글이 있다

'무식하고 가난한 농부이지만 그는 장관을 친구를 대하듯 맞이하고 마을 곳곳을 다니며 여기에 수로를 만들고 이곳에 길을 만들고 같은 자질구레한 마을 현안들을 설명하고 장관은 그 내용을 수첩에 기록한 광경이었다'는 글이다. 장관은 학식

이나 지위가 높지만 우월감이나 자만심은 보이지 않고 농부는 지식이나 지위는 별것이 아니지만 열등감이나 위축된 모습이 없었다. 선진 민주주의를 이야기하기 전에 아름다운 인간관계가 너무 귀해 보였다는 글이다. 자기 소임에 충실한 장관, 자기 일에 자부심을 가진 농부, 정말 흐뭇한 모습이다.

웨스트포인트라는 미국 영화에서 보았던 사관학교 졸업식 장면이 생각난다. 성적이 우수한 학생들의 시상이 줄줄이 이어지는 중에 졸업생 중 꼴찌상이 있다. 꼴찌한 흑인 생도가 시상대에서 상을 받는데 그 얼굴 표정이 너무 당당하고 밝은 모습이다. 그리고 모든 참석자들은 다른 시상자보다 더 뜨겁고 열렬한 환호와 축하를 보내줘 장내가 열광의 도가니였다. 예상 못했던 너무나 감동적인 광경이다.

그 의미를 나름대로 정리해 보았다. 제도상 성적과 석차는 정하게 되지만 학생의 가치는 석차와는 별개의 것이다. 학생 한 사람 한 사람은 비교할 수 없는 그만의 소중한 가치가 있는 것이다. 비록 석차에서 꼴찌지만 그 학생은 우수해서 상을 받는 우등생과 비교해서 절대 뒤지지 않는다. 그런 뜻으로 꼴찌 학생이 수석 학생과 똑같은 상을 시상한 것이라고 생각한다. 그리고 참석자들은 그 뜻을 인정하고 더 큰 환호와 축하를 보낸 것이다. 우월감이나 열등감이 없는 모두가 만족하는 축제의 졸업식이다. 아마 하늘나라에서의 시상식이 있다면 이런 분위기가 아닐까 하는 생각을 한다.

'나' 개인은 이 세상에서 같은 사람은 없으므로 다른 개인과 경쟁관계에 있지 않다. 나는 단 하나뿐인 개인이며 독특한 존재다. 나는 나 이외의 다른 사람이 아니며 다른 사람처럼 될 수도 없다. 다른 사람이 나처럼 될 수도 없다. 사람마다 얼굴이 다르듯이 인간은 개성적인 존재로 그 가치는 무엇과 비교될 수 없는 소중한 존재이다. 모든 사람들이 이러한 가치관과 인간관을 가지고 서로를 존경하며 살아간다면 세상이 얼마나 좋을까. 그리고 이러한 소신을 가지고 누구나 당당히 살면 세상이 얼마나 아름다울까. 꿈같은 현실을 기도하는 마음으로 소망해 본다.

(2017. 『수필문학』 11월호)

남한산성 오르며

남한산성은 나의 단골 등산코스다.

등산로에는 우람한 거목과 다양한 수종의 작은 나무들이 자라고 골짜기마다 퐁퐁 솟는 샘물들이 있다. 정상 가까이 가면 기암 묘석들이 자리하고 정상에 오르면 광활한 전망이 일품이다.

집에서 버스로 20분, 남한산성역에 내리면 등산로 입구가 있다. 이 길에 들어서면 그곳에 사는 크고 작은 나무들이 나를 환영한다. 나무와 반갑게 인사하며 함께 걷노라면 어느새 모든 근심을 잊고 편안한 마음이 된다. 나무가 있는 곳은 어디나 안정되고 평화롭다. 생명의 근원인 산소를 내뿜어 언제나 상쾌한 환경을 만든다. 자연의 순환에 따라 봄이면 가지마다 잎과 꽃들로 생명력의 장관을 이루고 여름에는 우거진 푸르름으로 무한한 정기를 뿜는다. 가을엔 알찬 열매로 풍성한 결실을 선사하고 겨울이 오면 벗은 몸으로 혹독한 시련을 인내한다. 나무들은 철따라 만나는 환경에 말없이 순응하며 늠름히 살아간다. 언제나 있는 자리에서 하늘을 향해 지성스럽게 뻗는다. 가상하지 않은가. 등산길에 만나는 나무 앞에서 나는 언제나 마음의 평정과 삶에 대한 많은 감화를 받는다. 산에는 무언의 스승인 나무가 있어 참 좋다.

나무숲을 지나 깊숙이 들어가면 골짜기마다 샘물이 있다. 나는 샘물을 좋아한다. 그래서 내 아호를 산 속 샘물을 뜻하는 곡천(谷泉)이라고 지었다. 높은 산에서 퐁퐁 솟는 이곳 샘물은 청량하며 그 양이 풍성한 것으로 유명하다. 산등성을 오르는 사람들이 땀을 닦고 숨을 고르며 샘에 이마를 묻고 청량한 물을 들이켜 갈증을 푸는 그 기분을 어떻게 표현할 수 있을까. 체험 외에는 무엇으로도 설명할 수 없을 것이다. 요상한 맛과 색소를 가미한 산 아래 인스턴트 음료수와는 비교할 수 없는 상쾌한 그 맛은 돈으로는 환산할 수 없는 귀한 것이다. 샘물을 마시며 산에서 얻는 무사한 기쁨은 인간 본연의 심경이라고 생각한다.

정상 가까이 가면 급경사가 되며 기암 묘석들이 자리하고 있다. 평범한 것 같지만 자세히 보면 바위 하나하나가 큰 바위 얼굴만큼이나 신비한 그 무엇을 풍긴다. 저들은 폭설과 혹한에도 표정이 없고 비비람 폭우가 와도 움직일 줄 모르며 찬란한 봄날과 풍요로운 가을에도 물들지 않고 의연하다. 모든 시련과 영광을 안으로 안으로만 삭이며 억겁의 세월을 함묵으로 일관하는 저들의 자태는 언제 보아도 듬직하고 미덥다. 생각이 깊어서 행동하지 않고 어떤 자극에도 반응하지 않는 바위가 있어 산은 위엄이 있고 아름답다. 나는 바위가 좋다. 희로애락을 초월한 넉넉한 그 정신 앞에서 나는 경박한 나의 삶을 반성하며 무언의 교훈을 얻는다.

급경사의 층계를 오르면 해발 495미터의 정상, 남문 앞이다. 성 안은 역사적 유적이 많은 넓은 평지이고 성벽으로 둘러싸여 있다. 이곳은 인조 14년(1636) 청나라의 2차 침입 때 인조와 문무백관이 47일 동안 버티다가 치욕적인 항복을 한 곳이다. 당쟁과 사리사욕에만 몰두하던 당시의 위정자들은 결국 나라를 지키지 못하여 국토를 초토화시키고 백성을 도탄에 빠지게 했다. 그날의 참담한 역사를 생각하면 가슴이 아프다.

성벽을 따라 걸으면 임금이 머문 행궁이 아래로 보이고 북문과 동문을 차례로 만나며 산성의 주봉인 청량산 수어장대(당시 전투지휘소)에 도착한다. 성벽을 따라 난 이 길은 전망이 일품이다. 북동쪽으로 서울 시내가 멀리 눈에 들어오고 남쪽으로는 성남과 분당이 내려다보인다. 빌딩과 아파트는 어린아이 장난감 같고 한강은 실개천 같다. 시원한 산바람을 맞으며 모든 정경을 한눈에 내려다보노라면 통쾌한 기분이 되며 마음에 쌓였던 온갖 스트레스가 한순간에 사라진다.

최고봉인 수어장대 전망대에서 하늘과 구름을 바라본다. 산 아래 평지에서는 거의 하늘을 보지 않는다. 본다고 해도 비가 오려나 하는 이해에 얽힌 사무적인 마음에서다. 그러나 산 위에서 평정한 심정으로 보는 하늘과 구름은 정말 아름답다. 한없이 드넓은 하늘에 유유히 흐르는 구름을 보는 것만으로도 마음이 확 트인다. 세속에 찌든 삶을 벗어버리고 천상의 세계를 날으는 기분이다. 정상에 서서 나 아닌 내가 되는 것을 느끼며 본래의 나를 되찾는 기쁨을 만끽한다. 나의 남한산성 등산은 건강뿐 아니라 삶의 교훈과 마음의 생기를 얻는 신묘한 효능이 있다. 그래서 남한산성 등산은 나의 삶에 소중한 부분이 되었다.

(2019, 『수필문학』 5월호)

여행 소감

퇴직 후 광나루 장로회신학교 평신도 대학원에서 2년 코스의 신학 교육을 마치고 미국일주 수학여행을 했다. 한국기독교와 관계가 깊은 프린스턴 대학을 제일 먼저 방문했고 마포교수(마포삼열 선교사의 손자)의 안내로 대학 구내를 돌아보며 설명을 들었다.

그때 대학 도서관 입구 대리석 벽에 빼곡히 새겨져 있는 40여 명의 학생들 명단이 보였다. 1, 2차 세계대전과 월남전에서 전사한 이 학교 학생들의 명단이라고 한다. 20세 전후의 나이도 함께 표시되었다. 전사자라는 말에 엄숙한 마음이 되어 생소한 학생들의 이름을 훑어보는데 마지막 끝 부분에 한국전에서 전사한 5명의 명단이 보였다. 나는 비통한 마음으로 그 5명의 명단을 하나하나 읽었다.

큰 희망을 품고 공부에 전념할 20세 전후의 순수한 청년들이, 전쟁터에서 비참하게 생을 마감했다니 너무나 안타깝다. 왜 저들은 저렇게 어린 나이에 죽어야 했는가 하는 의문을 지울 수 없다.

그리고 지난번 동작동 현충원에 갔을 때의 충격이 다시 떠오른다. 6·25 3년간의 전쟁 중 전사한 병사가, UN군이 4만 명, 한국군이 15만 명이라는 설명과 함께 끝없이 도열한 묘비석을 보며 비통했던 일이 회상된다. 그리고 북한 인민군과 인해전술의 중공군의 전사자는 아군 전사자의 몇 배가 된다는 그때 설명이 떠오른다. 주의와 이념을 떠나서 전사한 저들의 부모 형제 부인 자녀들이 겪은 회복할 수 없는 슬픔과 절망과 비통함을 생각해 보았다. 무엇으로도 보상할 수 없는 영원히 치유될 수 없는 참극이 아닌가. 6·25의 참상을 겪은 한국인으로서는 너무나 생생한 경험이다. 전쟁은 인류가 범한 가장 큰 죄악임에 틀림없다. 어떤 이유로도 전쟁을 합리화할 수 없으며 어떤 대가를 치르더라도 전쟁은 막아야 하며 전쟁을 일으킨 자는 반드시 그에 상응한 심판을 받아야 한다는 것을 절감했다

모든 사람들이 이를 깨달을 수 있기를 전사자 명단 앞에서 기원했다.

우리 일행은 프린스턴 대학의 단기 교육을 마치고 미동부와

서부의 명소들을 관광하고 귀국하는 것으로 일정이 짜여 있다. 애리조나 주에 있는 후버댐으로 가는 도중 들른 곳은 독수리계곡이라는 곳, 나무 하나 없는 자색의 바위절벽과 흙산이 솟아 있는 이상한 지형이다. 깊은 계곡 길을 달리던 버스가 어느 으슥한 곳에 멈추고, 일행들이 내려 호기심으로 주위를 살필 때 가이드가 이곳의 역사를 설명한다.

이곳은 1810년 서부 개척 당시 미국 기병대와 원주민 인디언이 치열한 전투를 한 곳이라고, 기병대 100명이 이 골짜기를 통과하다 인디언의 습격을 받아 모두 몰살당했고, 이 소식을 듣고 달려온 증원 기병부대가 이곳을 포위하고 저항하는 인디언 용사들 200명을 다시 몰살시킨 비극적 역사를 간직한 곳이라고 한다. 그때의 전투를 다룬 독수리계곡이라는 서부활극 영화도 있다고 했다. 이 황량한 골짜기가 그러한 비통한 역사를 간직하고 있다니, 그때를 상상하며 우리 일행은 잠시 심각한 표정이 된다.

무심히 보던 주위 절벽들이 모두 예사롭지 않아 보인다. 꽃다운 젊은이들이 무작정 용맹이 싸우며 죽어간 곳, 그 때의 아우성과 총성이 아직도 들리는 듯하여 모두 진한 슬픔을 느꼈다. 아메리카 대륙은 모두가 평화롭게 살 수 있는 넓고도 큰 땅인데 왜 싸워야 했는지 안타까운 마음을 지울 수 없었다. 고귀한 생명을 버린 수백 명의 젊은이들을 생각하며 싸움 없는 평화의 고귀성을 깊이 생각했다

미국 동부와 서부 캘리포니아 일대의 관광은 가는 곳마다 명소였고 감명이 컸다. 특별히 요세미티공원의 대자연은 참으로 인상적이었다. 우람한 바위산과 폭포 그리고 아름드리 거목들이 어우러진 절경에 절로 감탄과 경건한 마음이 된다. 길가에는 얼마 전 바람에 넘어진 수령 4천 년의 나무를 그대로 방치하여 관광의 명물로 삼고 있는데, 관광객들이 앞다투어 사진 촬영을 한다. 나무 주위에 서 있는 사람들이 마치 나무 옆에 기어 다니는 벌레들처럼 작아 보인다. 수령 4천 년은 나이테가 있어 정확한 것이라 한다. 4천 년의 수령, 너무나 경이롭지 않은가. 나는 그 나무를 어루만지며 한참 동안 생각에 잠긴다. 신라 통일이 천 년 전이며, 예수님 탄생이 2천 년 전인데 4천 년 수령이 너무나 놀랍다.

그 장구한 세월 생명을 이어온 그 나무가 너무나 경이롭다는 생각을 하며 인간의 일생은 한 점만도 못한 존재임을 실감했다. 그리고 예수님이 성서를 통해 들려주신 말씀 '너희는 유한해 보이지만 하나님의 창조와 사랑을 받는 영원한 존재라'라는 뜻의 말씀을 묵상하며 하나님의 인류 구원과 예수님의 고귀한 인간관을 생각했다. (2015. 『수필문학』 4월호)

짝사랑

짝사랑은 상대편은 아무 생각이 없는데 혼자서만 애모하는 것을 이르는 말이다.

젊은 사람들의 이성 교제에서 흔히 등장하는 말이다. TV연속극에서 재벌가의 장남이 격에 맞지 않는 집의 딸을 짝사랑하고 이로 인해 행복했던 두 가정에 풍파를 일으키고 당사자의 삶이 혼란을 겪는다. 속이 상한 부모가 짝사랑에 빠진 아들에게 '못난 놈 너는 자존심도 없나' 탄식하며 책망한다. 짝사랑을 정상이 아닌 잘못된 인생사로 치부한다.

영국왕 에드워드 8세(후에 윈저공이 됨)와 심프슨 부인의 세기적 사랑 이야기가 생각난다. 미혼인 영국 왕 에드워드 8세는 미국인 이혼녀 심프슨 부인을 적극적으로 짝사랑 한다. 왕의 이러한 처신은 황실의 전통과 법도에 어긋난 것으로 의회와

왕가의 지탄을 받는다. 그리고 왕위와 사랑 중 택일할 것을 강요받는다. 에드워드 8세는 결연히 왕위를 포기하고 사랑을 택한다. 1937년 초 세계를 놀라게 한 사건이었다. 세계를 호령하는 대영제국의 왕이 이혼녀를 향한 짝사랑 때문에 왕위를 포기한 것은 보통의 상식으로는 이해할 수 없는 것이기에 사람들은 이를 잘못된 불상사로 간주한다.

이렇게 짝사랑의 사건들은 풍파를 일으키고 때로는 비극적인 결말을 가져오기도 한다. 그래서 짝사랑은 정상이 아닌 잘못된 인생사로 취급되고 병적인 것이라고 평가되기도 한다. 하지만 그것이 다가 아니다. 이러한 짝사랑의 사건은 비난과 질시를 받으면서도 한편으로 사람들에게 엄청난 감동을 주고 사랑을 받고 있는 것도 사실이다. 더욱이 시대를 뛰어넘어 사람들에게 회자되며 감화력을 더해 가고 있다는 것이 놀랍기만 하다. 짝사랑에 어떤 내용이 있어서 그럴까 생각해 본다.

짝사랑은 무조건 사랑한다는 관계다. 세상사에서는 무조건은 없다. 모두가 조건을 따지며 이해관계를 계산한다. 그 대상을 무조건 사랑한다는 것은 불가능한 일이며 어리석은 것이라고 사람들은 생각한다. 그런데 무조건 사랑하는 것이 짝사랑에서는 너무나 쉽고 당연하다. 짝사랑이란 말은 무조건 사랑한다는 뜻이다. 그리고 무조건 사랑한다는 그 말 속에는 순수함과 진실함의 정서가 포함되어 있다. 인간관계에서 가장 소중한 감정, 가장 귀한 마음이 그 속에 함축되어 있다. 삭막한 세상에서 찾기 어려운 보석 같은 내용이다. 그래서 짝사랑을 노래한 시, 짝사랑을 소재로 한 소설, 짝사랑의 영화들이 사람들에게 감동을 주고 사랑을 받는다고 생각한다. 시대를 뛰어넘어 사랑을 받는 괴테의 명작 『베르테르의 슬픔』이나 단테의 『신곡』 우리의 고전 『춘향전』 같은 것들이 실례가 될 수 있을 것이다.

짝사랑이라는 말 속에는 희생의 정신이 있다. 사람들이 희생을 감수한다는 것은 결코 쉬운 일이 아니다. 상대방을 위해 자기의 모든 것을 버리는 것이다. 이러한 것은 상당한 수준의 수양을 쌓은 사람이 아니고는 실행하기 어려운 덕목이다. 그런데 짝사랑에서는 그 대상을 위해서 어떠한 희생이라도 얼마든지 가능하며 즐겁게 감수할 수 있다. 짝사랑은 이러한 고귀한 삶의 내용이 포함되어 있다. 누구를 위해 기쁘게 희생할 수 있는 삶, 얼마나 귀한 것인가. 그래서 짝사랑의 이야기에는 감동과 감화가 넘치게 된다고 생각한다.

따지고 보면 부모님 사랑도 짝사랑이다. 자녀들의 처지에 상관없이 무조건 사랑하고 무조건 희생하는 사랑이다. 인류와 사회에 공헌한 사람들은 모두 짝사랑을 하는 사람들이다.

존경받는 사람들의 생애를 보면 모두 짝사랑을 실천한 사람들 아닌가. 진리를 전하는 종교가, 조국을 구한 애국자, 학문을 사랑하는 학자, 이웃을 위해 희생하는 자선가, 각 분야의 예술가들은 모두 짝사랑을 한 사람들이다 그 대상을 위해 조건 없이 사랑하고 기쁘게 희생하는 사람들이다. 사랑을 받는 편의 덤덤함보다 사랑하는 편의 순수하고 적극적인 삶이 더 귀한 것임을 이해한다.

하나님의 사랑도 짝사랑이다. 무조건적인 사랑이고 일방적인 희생이다. 성서는 하나님께서 인간에 대한 짝사랑의 역사라는 신학자의 글을 읽은 적이 있다. 수긍이 가는 말이다. 짝사랑에는 너무나 소중한 내용이 담겨 있다. 짝사랑이 있어서 세상은 살만한 곳이고 아름답다고 생각한다. 짝사랑은 고귀한 것이라는 것을 깨닫는다.

(2019, 『수필문학』 10월호)

역전의 삶

운동 경기에 역전승이라는 것이 있다.

경기가 잘 안 되고 패색으로 기우는 분위기지만 선수들이 끝까지 혼신의 노력을 다해 막판 패전의 상태를 단숨에 뒤집고 승리를 하는 경기다. 해냈다는 성취감과 기쁨으로 열광하는 광경이 참으로 흐뭇하다. 반면 역전패도 있다. 경기가 잘 풀려 승리가 예상되는 분위기였는데 자신의 허점을 알지 못한 탓일까 막판 패배로 마감하는 경기다. 승리의 영광을 기대했지만 단번에 모든 것을 잃고 낙담하는 모습을 볼 때면 너무나 안쓰럽다.

비유가 적절한지 모르겠지만 사람들의 생애에도 역전승이 있고 역전패도 있을 수 있다.

미합중국의 16대 대통령 아브라함 링컨의 생애를 보자 그는 불운한 환경에서 태어났고 학교 교육은 초등학교 6개월이 전부다. 그리고 정계 입문을 위한 선거에 수없이 많은 고배를 경험한다. 23세 때 주의원에 낙선하고, 29세 때 읍장선거에 낙선하고, 34세 때 하원의원에 낙선한다. 39세 때는 하원의원에 또 고배를 마신다. 46세 때 상원의원에 실패하고, 47세 때 부통령에 또 낙선한다. 실패의 생애로 기우는 듯하다. 그러나 그는 포기하지 않고 전진한다. 그리고 51세 때인 1860년에는 드디어 미합중국 16대 대통령에 당선된다. 그리고 재임 시에는 노예해방과 남북통일이라는 인류사의 대업적을 성취한다. 그리고 미국 국민뿐 아니라 세계인들이 가장 존경하는 인물로 남는다. 난관을 극복하고 최고의 업적을 남긴 승리(역전승)의 생애다. 생각하면 흐뭇한 감동이 넘친다.

반면 보나파르트 나폴레옹이라는 인물을 보자. 그는 1769년 프랑스령 코르시카 섬에서 태어난 군인이다. 타고난 지략과 용맹으로 군인으로서 승승장구하며 군 사령관에 오르고 군사 쿠테타를 일으켜 프랑스 통령의 지위를 차지한다. 그리고 군사력을 강화하여 온 유럽 국가들을 무력으로 침략 지배한다. 그리고 1804년 그 나이 35세 때에 프랑스 황제로 등극한다.

그는 권력과 명예에 대한 야욕을 무력으로 이루고 역사의 영웅으로 등장하는 듯이 보였다. 그러나 그것이 전부, 그의 권세는 오래가지 못한다. 1812년 러시아 원정에 실패한 후 유럽 연합군에 패하고 워터루전투에서 영국에 항복한다. 결국 모든 유럽인들에게 전쟁의 참화를 겪게 한 장본인으로 정죄되어 대서양의 고도 세인트헤레나 섬에서 초라한 죄수의 몸으로 비참한 삶을 살다가 그 곳에서 죽는다. 그는 한때 승승장구하며 영웅으로 칭송받지만 실은 모든 것을 잃은 실패(역전패)한 생애로 삶을 마감한다. 많은 것을 생각하게 하는 역사의 현실이다.

그런데 구원을 위한 신앙 생애에도 역전승이 있고 역전패가 있을 수 있다. 이것은 종교의 차원이지만 신자로서는 긴장할 중대한 대목이다.

호스피스 경험이 많은 분의 간증시간에 들은 내용이다.

모범적인 삶을 살며 많은 사람들의 칭찬과 선망을 받은 교인인데 임종 시에 무력하고 초라하게 되는 사람이 있다고 한다. 여느 때의 여유롭고 당당하던 신자의 모습은 사라지고 절망에 빠져 불안에 떠는 모습을 보는데 먼 코스를 달려온 육상선수가 골인 지점 앞에서 헤매는 것 같아 너무나 안쓰럽다고 한다. 평소 외면적으로는 훌륭한 교인 모습과 신자 행세를 했지만 그 속에는 구원의 핵심 내용인 복음을 분명히 잡지 못했기 때문이 아닐까. 같은 시대의 신자로서 그 간증을 듣고 받은 충격을 잊을 수가 없다. 반면 별 볼일 없이 미흡해 보이는 삶을 살아 온 사람인데 임종의 순간에는 단순한 믿음을 갖고 풍성한 은혜 가운데 평화로운 모습으로 삶을 마감하는 사람이 있다고 한다. 지켜보는 사람들이 너무나 큰 은혜를 경험하며 "복음 만세 구원 만세"라고 외치고 싶다고 한다. 역전승의 삶이 너무나 감동적이다

인생의 궁극적 목적은 영혼 구원일 것이고 이 구원은 믿음만으로 완성된다는 성서의 가르침을 우리는 믿는다. 우리의 지나온 삶을 돌이켜 보면 크게 실망하기 마련이다. 후회스러운 일로 가득 차 있고 나는 실패적인 삶을 살았구나 하는 생각이 들 때도 있다. 그러나 이러한 것을 단번에 다 해결할 수 있는 길이 있다. 인생의 영혼 구원은 대속의 은혜를 믿음으로 (믿음만으로) 완성된다는 성서의 가르침이다. 그래서 복음이다. 부족하게 살아온 부끄러운 삶이라도 관계없다. 인생의 역전패를 당한 사람도 해당된다. 마지막에 구원을 성취할 수 있는 길이 언제나 우리 앞에 있다. 하나님의 은총과 복음을 믿는 믿음이다. 이 믿음이 인생 역전의 키다. 부족한 삶이지만 믿음으로 인생 역전의 드라마를 이루도록 '역전의 키' 복음을 굳게 잡자. 그리고 아름다운 임종으로 승리하는 생애를 이루자.

(2018, 『기독교수필』 28호)

가을의 꽃 코스모스

가을의 신선한 정취를 즐기려고 교외로 차를 몰았다.

높은 하늘과 유유히 흐르는 구름들 신선한 공기 쾌청한 날씨가 기분을 새롭게 한다. 더위와 장마에 시달리던 지난여름의 고생은 흔적 없이 사라지는 것 같다.

가는 곳은 일간지에 소개된 코스모스마을이다. 강원도 정선군 남평리 솔래마을 남평 둔지 3만 평의 코스모스공원인데 그 절경을 사진과 함께 소개하며 가는 길까지 안내되어 있다.

3시간을 달려 마을에 들어서니, 끝없이 펼쳐진 형형색색의 코스모스 바다가 한눈에 들어온다. 아! 하는 탄성이 절로 나온다. 이렇게 별천지의 세계가 이곳에 있다니 놀랍기만 하다

고운 꽃들이 밝은 미소로 나를 환영한다. 나는 흥분된 마음을 진정하고 일일이 답례를 하며 꽃밭 속 오솔길을 걷는다.

그리고 내 키만치 훌쩍 자란 꽃무더기 가운데 서서 코스모스를 감상한다.

코스모스는 맑고 청순하다.

가냘픈 몸매에 다양한 색깔의 꽃들이 깨끗하고 순결하다.

문명에 물들지 않은 청순한 소녀들 같고, 순박한 시골 여인들 같았다. 그러면서도 활달한 모습에 명랑함을 지녀서 더 좋다. 가을 하늘을 배경으로 하늘거리는 상큼한 자태를 바라보면 누구라도 그 아름다움에 취하게 되며 흐트러진 정서가 순결하게 순화되는 것 같다. 그래서 시인들이 코스모스를 즐겨 시제로 삼고 연인들이 가을 코스모스에 환호하는 것 아닐까. '코스모스를 보노라면 첫눈에 반한 옛 소녀가 회상된다'는 고 조병화 시인의 시구를 이해할 것 같다. 맑고 청순한 꽃 코스모스는 마음을 순화시키는 신비한 꽃이다.

코스모스는 생명력이 강인한 들꽃이다.

강렬한 색과 짙은 향기를 지닌 장미나 백합, 국화 같은 귀족풍의 꽃과는 그 분위기가 다르다. 꽃잎 모양이 화려하지 않고 색이나 향이 짙지도 않다. 단조로운 꽃잎에 향기도 있는 듯 없는 듯 은은하다. 화분의 꽃들같이 온도며 습도며 일조량 조절 같은 보살핌을 받지 않는다. 길가나 자갈밭 같은 험한 땅에서 거름은 물론 누구의 도움도 없이 자란다. 비바람 맞으며 온갖 위험 속에서도 잘 자란다. 줄기마다 가지마다 수많은 꽃을 피우며 잡초 같은 강인한 생명력으로 쑥쑥 자란다. 무리를 이루고 군락을 이루며 온 들녘을 가득 채우며 자란다. 그리고 제 주위를 환하게 밝힌다. 코스모스는 역경 속에서 삶을 이어오는 평민의 삶을 닮아서 호감이 간다.

코스모스는 가을의 꽃이다.

먼 산에 단풍이 들고 가로수 잎이 하나 둘 떨어지기 시작하면 기다리기라도 한 듯 훤칠한 키를 앞세우고 우아한 모습으로 그 자태를 드러낸다. 모두가 시드는 가을이지만 화려하고 명랑한 축제로 온 들녘을 환하게 한다. 이른 봄부터 지루하고 긴 여름을 견디면서 살아왔고 이제 그 인내와 준비의 때를 지나 밝은 모습으로 가을의 세상을 밝히고 있다. 대견하지 않은가. 가을은 쓸쓸한 계절이지만 화사한 코스모스 물결이 있어 적막하지 않다. 코스모스의 청량하고 신선한 정취는 결실의 가을을 더욱 흐뭇하게 한다.

코스모스는 가을바람의 심술에 조용할 날이 없다.

연약한 줄기가 이리 쏠리고 저리 쏠리며 물결치지만 싫은 내색을 하지 않으며 아무렇지도 않은 듯 밝다. 가끔 억센 바람이 몰아쳐도 쓰러질 듯 한들거리지만 꺾기거나 상처받지 않는다. 바람을 떨쳐 보내고 곧 제자리를 다시 찾아 꼿꼿이 서며 원래의 제 모습을 잃지 않는다. 너그럽고 의연한 성품이 가상하다.

코스모스는 멕시코 광야가 원산지다.

눈물과 소원으로 다져진 개척의 땅 멕시코에서 싹이 트였던 꽃이다. 수만 리 떠나온 고향땅의 희망찼던 그 삶이 못내 그립겠지만 내색 없이 언제나 명랑한 모습이다.

코스모스는 어떤 시련이 와도 상처받지 않고 제 모습으로 살아가는 미더운 꽃이다

코스모스, 그 순결한 자태며, 의연하고 강인한 생명력, 배워야 할 모습이 아닐까. 가을 코스모스 공원에서 우리의 삶을 생각한다.

(2019. 『기독교수필』 29호)

가짜 코트

30대 초반일 때 일이다.

초겨울 을씨년스런 날씨의 퇴근길이었다. 서울에서 가장 혼잡한 거리인 무교동 길을 급히 걷는데 "선생님" 하고 누가 부른다. 길가에 정차한 소형 화물차 운전석에 앉은 낯선 사람이었다. "제가 밍크코트를 납품 운송하면서 1개를 빼돌린 것이 있는데 싸게 사세요" 한다. 의외의 제안에 당황하며 잠시 머뭇거리는데 "저는 이것을 빨리 처분하고 가야 하는데 10만 원만 주고 가져 가시죠" 하며 독촉한다. 나는 옳고 그름을 생각할 겨를도 없이 엉겁결에 보자기에 싼 물건을 덥석 받아들고 대금을 지불하며 죄 지은 사람같이 급히 차를 탔다. 모두가 순간적이었다. 집을 향한 차 속에서 '집사람이 꽤나 놀라겠지' 하는 흐뭇한 생각을 하며 집에 당도했다. 의아한 기색으로 물건을 열어 보던 아내가 "이거 웬 토끼털 코트에요?" 한다.

'어, 토끼털 코트라니' 아차 그 때야 정신이 번쩍 들며 내가 당한 것이구나 깨닫는다.

그리고 조금 전 수상쩍었던 일들이 모두 이해되었다.

어떤 노련한 사기꾼의 술수에 순진하게 넘어간 것이다. 하지만 사기꾼 못지않게 나도 큰 잘못을 한 것이니 이제 누구를 탓할 수도 없는 일이다.

바로 알 수 있는 것을 분별 못하고 어리석게 속은 나의 처사가 너무나 한심스러웠다. 정말 부끄럽기 그지없었다. 손해를 보고 거기다 핀잔까지 듣게 될 것을 예상하고 있었는데 아내의 반응은 너무나 의외였다. 자초지종을 들은 아내는 "당신이 나에 대해 무심한 줄 알았는데 나를 생각해서 어려운 결단(범죄에 동참?)을 선뜻 했다니 너무나 고맙네요. 마음 쓴 것을 생각하니 밍크코트 받은 것보다 더 큰 감동이 되네요" 한다. 사실 나는 집사람을 생각한 것이 아니고 별 생각 없이 저지른 순간적인 실수였는데…, 집사람에게 감동을 주었다니 불행 중 다행이라는 생각을 하며 '일이 이렇게 풀리는 경우도 있구나' 하고 안도의 마음을 가졌다. 또 그런 분위기에서 아니라고 해명하기도 멋쩍어서 어물어물 그때를 넘겼다.

나는 홀어머니를 모신 장남으로 위로는 누님이 두 분 계시고, 아래로 남동생이 셋이 있다. 40여 년 전 내가 31세 은행원이고 집사람은 27세의 학교 교사로서 우리는 중매결혼을 했다. 두 분 누님들은 결혼해 출가하셨지만 남동생들은 모두 공부하고 있었다.

우리의 두 아이까지 8명의 대가족 생활이었으니 우리집 가계는 언제나 어렵고 쪼들리는 생활이었다. 처음 수년간 두 사람의 월급은 생활비와 동생들 학비로 쓰였다. 고생을 고생이라 여기지 않고 열심히 살았던 때였다.

그러니 집사람은 옷다운 옷을 입지도 못했을 것이고, 옷 한 벌 버젓이 사주지 못하는 나에 대한 서운함이 컸을 것이다. 그러던 때에 이런 사건이 우연스럽게 발생했고 언젠가는 폭발할 수 있는 아내의 불만 사항이 쉽게 해결된 셈이다.

지난 주일 교회에 가면서 장롱 속 코트를 찾다 보니 집사람 밍크코트와 함께 그 때의 토끼털 코트가 소중히 걸려 있는 것이 보인다. 아니 언제 적 것을 지금까지….

"이 토끼털 코트는 버리든지 누구를 주지 왜 갖고 있어?" 나는 그 때의 황당했던 일을 잠시 떠올리며 무심히 말을 건넸는데 집사람 반응이 또 의외다.

"이 토끼털 코트는 오래도록 보관할 거예요" 한다. 아니 그 때의 감동이 아직까지 남아 있다는 것인가 놀랍기만 하다. 이번에는 내 마음에 잔잔한 감동이 온다.

40여 년 전 우연히 겪은 실수인 토끼털 코트 사건이 이렇게 오래도록 감동으로 남아 왕래하다니 토끼털 코트가 고맙기만 하다.

지금은 두 아들마저 모두 분가하고 둘이 살면서 젊은 시절 열심히 살았던 일과 그때의 사건들을 가끔 회상하며 감회를 갖는다.

(2009년 『기독교수필』 19호)

2부

마지막 미소

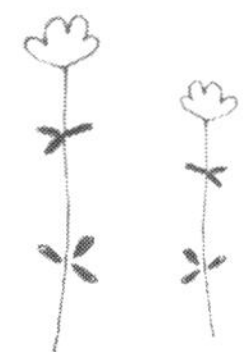

마지막 미소

-2007년 어머님의 장례를 마치고-

어머니는 98세지만 비교적 건강하셨고 근래에는 목사인 아우집에 계셨다. 그런데 지난 10월 8일 아침 몸이 불편하셔서 인근 병원에 갔다가 급성 폐렴이라는 진단을 받고 입원을 하셨다. 이 소식을 들은 우리 형제들이 그날 병원에 급히 모여 걱정을 하며 함께 기도를 하고 돌아왔다.

그날 밤 전화로 어머니의 상태를 동생에게 물었더니 "저녁 8시에 어머니 병석에서 예배를 드렸는데 어머니께서 여느 때와 같이 '아멘' 하는 말을 힘차게 하시는 것을 보면 위급하지는 않은 것 같습니다"라는 말에 안심을 하며 잠자리에 들었다. 그 밤 깊은 잠 속에서 전화벨의 요란한 소리에 잠이 깨고 불길한 예감에 전화기를 드니 동생 목사의 다급한 음성이었다. 밤 3시에 어머니께서 갑자기 혼수상태가 되셨고 의식이 없는 가운데 계시다가 3시 19분에 운명하셨다는 것이다. 평소에 마음의 준비는 하고 있었지만 그 소식은 너무나 큰 충격이었다. 어머니께서 그렇게 가셨단 말인가. 무엇으로도 표현 할 수 없는 슬픔과 공허함이 엄습하였다. '주님 어머니의 영혼을 지켜 주옵소서' 하는 짧은 기도를 드리며 집사람과 함께 병원으로 달려가는데 그동안 정성껏 효도하지 못한 일들이 떠오르며 회한의 눈물이 끝없이 흘렀다. 병원에 들어서니 아우들이 와 있었고 나는 급히 2층 중환자실로 달려가 어머니의 마지막 모습을 뵙고 '주님 어머니의 영혼을 인도해 주옵소서' 기도를 드렸다.

어머니의 마지막 모습은 너무나 평화로웠다. 얼굴의 주름살이 모두 펴진 고운 피부에 잔잔한 미소를 띤 잠자는 모습이었다. 세상을 떠나는 모습이 이렇게 평온할 수 있다니 마음속에 감동이 충일해지며 어머니는 반드시 하늘나라에 가셨을 것이라는 확신이 들었다.

고난과 시련을 수없이 겪으며 사신 어머니는 98세의 생애를 이렇게 평화로운 모습으로 마치셨다. 이것은 우연한 일이 아닐 것이다. 일생 이 날을(구원) 위해 기도하며 선한 싸움을 사신 어머니의 신앙 생애가 있음으로써 이루어진 것이라고 생각한다.

'너희들도 나같이 살다가 나같이 가라'는 어머니의 말씀이 들려오는 듯했다.

어머니의 삶은 수난의 생애였다 1910년 일제 침략이 시작

되던 때에 충북 제천의 유복한 농가에서 태어났다. 시대적으로도 일제 강점기와 2차 대전과 6·25 동란의 수난의 시대에 사셨다. 특별히 6·25가 발발하면서 남편이 비명에 돌아가시는 비극을 겪으며 이후 극심한 고난의 생애가 이어졌다. 이 당시 우리 가족은 어머니와 20세 16세의 두 누님과 13살의 나와 9살, 5살, 100일된 동생이 있었다. 2녀 4남의 6남매 가정이었다.

이러한 가족이 6·25와 그 후의 가난한 시대를 살아야 했으니, 우리 가정의 생활이 어떠했을까 말로는 표현할 수 없는 수난의 삶이었음이 짐작될 것이다. 어머니와 어린 6남매가 6·25의 겨울 피난을 하던 일이며 6·25 후 피폐한 현실 속에서 살아 온 역정을 말로다 할 수 없다. 그러나 어머니는 기적과도 같이 우리 6남매를 반듯하게 잘 키우셨다. 아버지가 없는 우리 가정의 생계는 두 분 누님이 교사성활을 하면서 꾸려갔고 누님들의 결혼 후에는 장남인 내가 책임지게 되었다.

그러나 우리 가정의 중심에는 언제나 어머니가 든든한 버팀목으로 계셨고 어머니의 기도와 정성이 있음으로써 우리 가정은 설 수 있었고 오늘까지 무난히 살아왔다. 지금은 두 분 누님이 76세와 73세의 할머니로 행복한 가정생활을 하고 아래로 아들 4형제는 모두 대학 교육을 마치고 자기 분야에서 보람된 활동을 하며 모두 복된 가정을 이루었다. 이 모두는 어머니의 기도와 희생이 있어서 가능한 현실이었다.

우리 남매들이 어렸을 때 기억나는 일화가 있다. 어머니의 병석에서, 어머니가 돌아가시면 우리 남매들은 모두 고아가 된다고 울고 있을 때 어머니께서 병중이시지만 정색을 하시고 '나는 안 죽는다. 너희들이 모두 잘되어 잘사는 것을 보지 않고는 절대 죽지 않는다'고 단호히 말씀하시며 어린 우리들을 위로하셨는데 어머니는 그 말씀대로 98세의 장수를 누리셨고 그 뜻을 이루셨다. 어머니는 이 땅에서 자신의 소임을 다하고 하늘나라에 개선하셨다. "우리 어머니 만세"라고 나는 감히 외치고 싶었다.

어머니께서는 장례에 대해서 늘 말씀하셨다.

'사람이 죽으면 영혼과 육체는 분리되어 육체는 썩어 흙으로 돌아가는데 썩을 육체를 애지중지할 필요는 없다. 죽은 후에 육체가 필요하다면 요긴하게 써야 한다.' 하시며 일찍이 연세 병원에 시신 기증을 약속하시고 시신기증서를 늘 품고 계셨다. 이것은 마지막 시신도 주고 간다는 모성의 마음 십자가 정신이었다. 영혼 구원을 감사하는 표시였다. 우리 가족들이 어머니 장례에 대해서 의논할 때 충북 제천 선산에 즉시 모시자는 의견도 있었지만 어머니의 유언을 따르는 것이 더 좋을 것 같아 그 뜻을 실행키로 했다.

언젠가 어머니의 시신이 화장될 때 그 유골을 모셔다가 아버지 산소에 합장하기로 했다. 모든 것을 다 주고 가신 우리 어머니, 불효자식들을 용서하시고 하늘나라에서 평안을 누리소서.

(2017. 『수필문학』 5월호)

거짓말 소고(小考)

거짓말은 상대를 우롱하는 것이며 자신의 양심에 먹칠을 하는 것이다.

거짓말을 하는 사람은 아무리 재능이 출중하더라도 그 인격이 부실하고 신뢰할 수 없는 인물로 치부된다. 특별히 지도자급의 사람은 더욱 그렇다. 아무리 능력 있는 지도자라도 거짓말이 드러나면 치명적인 타격을 입고 모든 것을 잃을 수 있다.

제42대 미국 대통령 빌 클린턴은 재임 시절 그의 여비서 모니카 르윈스키와의 추문이 언론에 보도되었을 때 그 보도는 허위이며 그런 일은 없었다고 국민 앞에 자신 있게 말했다. 그러나 그 후 그 추문은 사실이라는 것이 확인되면서 국민들의 분노와 비난이 쏟아졌다.

그의 과오가 문제된 것이 아니다. 자기의 과오를 숨기기 위해서 거짓말을 한 것이 용서될 수 없다는 것이다. 여론의 집중 포화를 받고 국회에서 탄핵을 당하는 위기에까지 몰리다 겨우 구제된 일이 있었다. 한 번의 거짓말 때문에 그는 모든 것을 잃을 수도 있었다. 거짓말이 얼마나 두려운 것인가를 실감했을 것이다.

얼마 전에 있었던 재판 사례다. 엄청난 금액이 걸린 복잡한 민사소송 사건에 증인으로 출석한 증인이 사실만을 이야기한다는 법정선서를 했지만 뇌물에 눈이 어두워서 거짓증언을 한다. 그러나 그 후 그 증언이 거짓임이 밝혀지면서 위증죄로 징역형의 판결을 받았다.

평범한 한 사람이 단 한 번의 거짓말로 중형의 죄수로 전락했다. 어떤 범죄보다도 혹독한 처벌이다. 거짓말을 정의를 말살하는 죄악으로 간주하는 판결이다.

거짓말 하면 이솝우화의 양치기 소년의 이야기가 떠오른다. 늑대가 왔다는 소년의 거짓말 외침에 마을 어른들이 몽둥이를 갖고 나왔다가 거짓말임을 알고 돌아간다. 소년은 그 소란이 재미나서 2번 3번 거짓말을 외치며 소란을 일으킨다. 그러나 정말 늑대 떼가 몰려왔을 때 몇 번 속은 마을 사람들은 도우러 나오지 않았다. 결국 모든 양들은 늑대들의 먹이가 되고 만다.

재미로 한 거짓말이 그 마을 사람들의 양들을 모두 잃는 참사가 되었다는 이야기다 거짓말의 해악을 어린이에게 가르치는 우화다. 거짓말은 해서는 안 되는 도덕률임에 틀림없다. 이를 부인하는 사람은 없을 것이다. 그런데 독약이라도 사용방법에 따라서 약이 될 수 있듯이 지탄 받는 거짓말이지만 유해하지도 않고 유의미한 경우가 있을 수 있다. 어떤 거짓말은 뻔히 알면서도 불쾌하지도 않고 탓하지도 않는다.

아기 키우는 엄마들은 하루 3번은 거짓말 한다는 말이 있다. 아기가 어 소리를 하면 엄마 했다고 하고 아 하고 소리내면 아빠를 찾았다고 자랑을 한다. 첫돌 무렵 화장대를 붙잡고 일어서기만 해도 오늘은 혼자 일어서서 걸었다고 천연덕스럽게 말한다. 거짓말이다.

아기 키우는 열심에 자기도 모르는 사이에 하는 말일 것이다. 그러나 듣는 사람은 그것이 거짓말임을 알면서도 그러냐고 아무렇지 않게 웃으며 넘어간다. 즐겁기만 하다.

낚시꾼들의 거짓말도 정평이 나 있다. 물 반 고기 반이라는 거짓말을 즐겨 쓰며 옛날에 잡았거나 놓친 고기는 모두 월척이라고 자랑한다. 정직하다는 사람도 예외는 아니다. 그런데 이런 거짓말을 탓하거나 문제 삼는 것을 보지 못했다.

탓하지 않을 뿐 아니라 칭찬을 받는 거짓말도 있다

빅토르위고의 소설『레 미제라블』에서 장발장을 구하기 위해서 미리엘 신부는 "그 물건은 훔친 것이 아니라 내가 준 것이다"라고 거짓말을 하지만 독자들은 잘한 것이라고 하며 그 거짓말에 감동을 받고 눈물을 짓기도 했다. 더욱이 그 거짓말은 장발장을 선인으로 거듭나게 하는 역할을 한다. 의사들도 거짓말의 명수다. 중병으로 절망하는 환자에게 비관적인 병 상태를 그대로 이야기 한다면 환자는 심적인 동요를 받고 더욱 악화될 것이다. 그래서 의사는 상황과 다른 위로의 말을 하게 되는데 그 말은 대부분 거짓말이다. 거짓말은 해서는 안 되는 것을 잘 알면서도 어떤 거짓말은 별로 문제 삼지 않을 뿐 아니라 탓하지도 않는다. 오히려 잘 했다고 칭찬을 한다. 거짓말인데 그럴 수 있을까. 여러 가지 이론이 나올 수 있을 것이다. 그러나 분명한 것은 같은 거짓말이라도 선의에서 나온 거짓말과 악의에서 나온 거짓말은 그 의미가 전연 다름을 깨닫는다. '거짓말도 잘만 하면 논 닷 마지기보다 낫다'는 옛 속담을 이해할 것 같다.

세상사 모든 일이 그러하지 않을까. 모든 사건은 종합적으로 다각적으로 보아야지 문자적으로 표면적으로만 보고 판단하는 것은 큰 잘못이 아닐까.

세상의 모든 사건에서와 같이 거짓말에도 흑백논리나 이원론이 적용될 수 없음을 실감한다.

(2018, 『기독교수필』 28호)

국립과학관에서

종로구에 있는 국립 서울과학관에서 '나의 집 인체의 신비'라는 전시회를 관람했다. 넓은 전시실에 인체의 장기들을 진열하고 DVD전자 화면으로 장기들의 활동과 능력을 보여주며 이 장기들이 결합하여 이룬 인체의 섬세한 구조를 설명한다. 장기마다 그 능력이 놀랍고 이들이 서로 협력하는 관계가 너무나 완벽하다.

뇌는 1.400그램 정도지만 30억 개의 세포로 구성되고, 지식의 저장능력은 무한하며, 허파는 300만 개의 공기주머니가 있어 300조 개의 세포에 산소를 공급하고 있다. 206개의 뼈와 656개의 근육이 합력하여 어느 전자 기계보다 더 다양한 동작과 능력을 발휘한다. 시신경망은 눈으로 들어오는 2억 개의 정보를 뇌에 저장할 수 있고, 우리의 손가락 피부는 1만분의 1cm 물체를 감지할 수 있다고 한다. 이러한 장기들은 섬세한 거미줄 망 혈관구조와 신경회로로 완벽하게 연결되어 있고 이 망을 통해서 에너지를 공급하고 외부 자극에 민감하게 대응한다.

평소 무심히 대하던 우리의 인체가 어느 정밀기계보다도 섬세한 구조를 이루고 완벽한 기능과 무한한 능력으로 활동하고 있음을 보며 놀라움을 금할 수 없다.

그리고 이 신비한 인체가 바로 '나'라는 것을 생각하며 특별한 감회를 갖는다. 저 섬세한 조직과 비상한 기능으로 활동하는 인체가 나인 것은 분명한데 그것이 나의 전부일까. 보이는 저 것이 나의 전부인가. 그러면 저것을 보며 지금 감탄하고 있는 나는 또 누인가. 생존을 위해 활동하는 저 몸도 나이지만 희로애락을 느끼고, 감탄하는 그도 분명히 나다

그러면 2개의 '나' 중에서 누가 나의 실체일까 하는 의문에 사로잡힌다. 그리고 이 커다란 의문은 나의 집 인체의 신비라는 오늘 전시회 제목을 생각하며 해결의 실마리를 찾을 수 있었다. 이 제목의 의미를 자세히 보면 인체는 내가 아니고 나의 집이라는 뜻이다.

'나'는 따로 있다는 의미다. 인체와는 다른 존재로 있는 '내'가 있는데 그가 나의 실체라는 뜻이다. 인체 속을 아무리 찾아도 찾을 수 없고 보이지 않는 나, 희로애락을 느끼고, 사고하며 선악의 기로에서 고민하는 다른 차원의 그가 정말 나라

는 의미 아닌가.

전시회의 제목 나의 집 인체의 신비를 이러한 뜻으로 생각하며 의문을 해결할 수 있었다.

그리고 성서에 '때가 되면 몸은 흙으로 돌아가고 영혼은 하늘나라에 간다.'(전도서:3,20-21)는 말씀의 의미도 이해할 수 있었다. 이 말씀은 '나'라는 나의 실체는 몸을 집으로 해서 얼마 동안 있다가 몸을 떠나 하늘나라에 간다는 뜻이다. 오늘 인체관 관람은 인체의 과학적 지식을 얻는 본래의 목적 외에 나의 실존에 대해서 생각하는 기회가 되었다.

전시실을 나오며 우주관도 관람했다.

넓고 둥근 우주관은 달밤같이 어둑하고 천정과 벽은 우주의 모형을 옮겨 놓은 밤하늘이다. 크고 작은 많은 별들이 구슬을 뿌려 놓은 듯 천정과 벽을 가득 채우고 실물같이 반짝이며 궤도를 따라 움직인다. 태양계는 우주 한 구석에 있고 지구는 작은 점으로 표시되었다. 우주는 상상할 수 없을 정도로 광대해서 그 거리 단위를 광년(빛이 1년 동안 가는 거리)으로 표시하고, 수만 광년의 우주 공간에는 수천억 개의 별들이 가득히 채워져 있다고 한다.

우주의 크기는 상상하기도 어렵다는 것을 새삼 깨달을 수 있었다. 그리고 이 광대한 우주 가운데 인간은 무엇인가 하는 생각이 나를 사로잡는다.

우주 속에서의 인간은 너무나 미미해서 무존재나 같은 무가치한 것일까 하는 황당한 마음도 든다. 이러한 허탈한 마음을 가질 때 근세 철학의 아버지 데카르트(1596-1650)의 유명한 명제가 떠오른다.

'나는 사고한다. 고로 나는 존재한다.' '우주가 아무리 커도 인간은 우주보다 귀하다. 왜냐하면 우주는 사고를 못하지만 인간은 사고를 하기 때문이다. 의식 없는 것은 무존재(무가치)에 불과하다. 인간만이 사고와 정신적인 판단을 하는 존재다.' 라고 갈파한 대철학자의 인간론이 회상된다. 우주 속에서 인간은 무엇과도 비교할 수 없는 차원이 다른 존재라는 철학자의 말을 이해할 수 있을 것 같다. '하나님께서 인간을 자기 형상대로 창조하셨고 인간에게 우주 삼라만상을 지배하고 다스리라'고 한 구약 창세기의 말씀을 생각했다. 그리고 복음서에 '너희는 온 세상(우주)과도 바꿀 수 없는 귀한 존재다.'는 말씀을 연관해서 이해할 수 있었다.

오늘 우주관 관람은 평상시 무심하던 광대한 우주와 인간의 절대적인 가치를 새삼 생각할 수 있어서 유익했다.

(2016.『수필문학』)

6·25 회상

- 6·25 59주년을 맞으며-

『월드비전』 화보가 왔다.

내전과 기아로 비참한 삶을 사는 아프리카 난민 수용소 사람들의 참상을 사진 화보로 알리는 내용인데 그 광경이 너무나 비참하다.

굶어서 막대기 같은 팔다리로 죽어가는 어린이, 절망으로 표정을 잃은 여인들, 뜨거운 태양과 낡은 천막, 오물과 파리 떼로 덮인 황폐한 환경들을 전하고 있다. 사진으로 봐도 바로 알 수 있는 참상이 충격적이다.

'이렇게 비참할 수가 있을까' 하는 탄식을 할 때 또 다른 화보들이 내 뇌리에 떠오른다.

지난여름 시청 앞 광장에 전시한 아! 6·25라는 그때의 실상을 알리는 전시회 화보들이다.

분위기가 비슷해서이리라.

추위에 벗은 몸으로 홀로 떨고 있는 어린이, 극도의 절망 가운데 공포에 싸여 있는 사람들, 무질서한 피난 행렬, 학살된 양민의 시체더미, 그 주위에서 통곡하는 부녀자들, 폐허가 된 마을이며 파괴된 도시들, 너무나 참담하다. 그러나 그 모습은 59년 전 우리의 현실로 아직도 내 기억에는 그 광경이 생생하여 그 때를 회상하게 한다.

6·25 전 우리 가정은 충북 제천에 있었다. 아버지는 43세로 여러 가지 사업을 하셨고 어머니는 41세 그리고 6남매가 있었다. 큰누님은 20세로 초등학교 교사였고, 작은누님은 중3, 나는 초등학교 6년, 아래로 초등 3년, 유치원생, 그리고 생후 백일 된 막냇동생이 있었다. 큰 집에서 살았던 것을 기억한다. 그러나 6·25가 발발하면서 아버지가 비명에 돌아가시는 충격을 당하고, 이어지는 전쟁의 소용돌이 속에서 어머니와 6남매가 6·25의 전란을 겪는다. 폭격과 혼란을 피해 인근 시골 외가에 몰려갔고, 그 해 겨울 피난길은 위험과 참상의 연속이었다. 남의 헛간에서 겨울밤을 노숙하던 일이며, 그런 중에 막냇동생이 병으로 사경을 헤매고, 양식이 떨어져 피난길을 역으로 되돌아서던 혼란스런 일들이 꿈결 같은 기억으로 남아있다. 우리 국민이면 누구나 겪은 그 참상은 말로는 표현할 수 없을 것이다. 지금 화보에서 보는 그 광경이 바로

우리의 모습이었고 우리 자신이었다. 살았으나 산 생명이 아니었다. 수만 명의 젊은이들이 전사하고, 수백만 명의 민간인이 생명을 잃는 전쟁의 참화 속에서 온 국민이 겪은 전무후무한 참상이었다. 국가도 외국의 원조로 겨우 유지했고, 우리 정부는 세계 속에서 가장 무력하였고 우리 국민은 가난하고 비참하였다. 그 비극적 현실을 어찌 말로 표현할 수 있을까.

그 후 59년의 세월이 흘렀다.

그동안 겪어 온 시대적 역경을 지금 다 말할 수는 없지만, 오늘의 우리 가정과 나라의 변한 현실을 그때와 비교함으로 6·25, 59년의 감회를 갖는다.

그 때 내일을 기약 못하고 하루하루를 겨우 연명하던 우리 가족은 지금 어떤가. 어머니는 98세까지 건강하게 사시다가 2년 전 하늘나라에 가셨다. 큰누님은 은행원과 작은누님은 목사와 결혼하고 교사 생활을 하였고 78세 74세의 할머니로 행복한 가정생활을 한다. 나는 은행을 정년퇴임하였고, 아래 동생은 영어 교사, 현직 목사, 막냇동생은 현재 방송국 간부다. 모두 안정된 삶을 살며 자녀들은 사회 여러 분야에서 성실히 활동한다. 손자 손녀들은 집집마다 밝게 자란다. 좋은 문화생활도 누린다.

이런 현실은 6·25를 경험한 우리나라 어느 가정에도 있는 보편적인 것이겠지만, 지금 와서 그때를 생각하면 꿈만 같다.

그 당시 국가적 존립이 풍전등화 같던 우리나라의 지금은 어떤가, 얼마 전 우리나라의 경제 발전을 경제지표로 나타내는 특집 기사를 보았다.

우리나라 지난해(2008년) 무역 수출입 총액이 8.600억 달러로 세계 10위이며, 1인당 국민소득이 19.500 달러로 선진국 문턱 수준이고, 국민 총생산은 세계 11위라고 한다. 세계 2백여 국가 중에서 한국은 10위권의 경제 부국으로 분류된다는 기사다. 5천 년을 가난하게만 살아온 민족이요, 6·25의 비극을 당한 국가로서 놀라운 현실이다. 우리 민족은 끝없이 이어지는 침략 전쟁의 역사 속에서 한번도 잘 살아본 적이 없었다. 더욱이 6·25 전란으로 재기불능의 상태로 전락한 우리나라가 아니였던가. 그러나 지금은 세계 속에서 경제부국으로 우뚝 서 있다. 세계적으로 불어닥친 여러 번의 경제위기도 우리 국민은 훌륭히 헤쳐 왔다.

우리나라 I.T산업과 조선업은 세계 경제를 선도하고 있으며 자동차, 철강, 전자, 건축, 금융 등 많은 기업들이 국제경쟁을 거쳐 세계적으로 발전을 했다. 5백만 명 교포가 세계 곳곳에서 활동하며 한국의 자본과 기술은 세계 속에서 기여하고 있다. 미국 유학생이 십만 명으로 인도 다음으로 많으며 기독교 선교사가 8천 명으로 미국 다음으로 많다고 한다. 한국의 발전은 모든 개발 국가의 모델이 되어 가능성과 희망이 되고 있다. 세계 50여 개 국가에서 한국어과가 개설되어 있고, 한국에 와서 취업(밀입국을 해서라도)하려는 사람이 수십만 명이라 한다. 각 분야에서 한국 열풍이 대단하다. 한국은 잘사는 나라, 한국은 세계에서 가장 역동적이며 발전적인 나라라고 세계 언론들이 평가하고 있다. 세계 최빈국에서 단시일 내에 오늘의 경제 발전과 번영을 이루리라 누가 예상이나 했을까.

우리 민족은 역사의 시련을 헤쳐 왔고, 이러한 국민적 정신으로 놀라운 발전을 이룩했다. 그리고 국민은 풍요로운 삶을 누리게 됐다. 생각하면 놀랍기만 하다.

6·25, 59년을 보내면서 그때와 오늘을 회상하며 감회에 젖는다.

소망하기는 오늘 직면한 우리 민족의 역사적 과제인 남북문제, 글로벌 시대의 무한 경쟁, 양극화의 사회문제들을 온 국민이 슬기롭게 헤쳐가 제 2의 도약을 이룰 수 있기를 기대하며 바라는 마음 간절하다.

(2006.『기독교수필』 16호)

나무의 감화

안병욱 교수는 자신의 책 『도산 안창호』에 도산 선생은 곁에만 있어도 마음이 편해지고 고민하는 문제들이 저절로 풀리는 인격적 감화력이 넘치는 인물이라고 했다.

우리는 살아가면서 이러한 인물을 만나고 싶은 소망이 늘 있지만 이루기는 쉽지 않다.

그런데 나무는 이러한 훌륭한 인격의 사람과 비슷한 자연물이다. 옆에만 있어도 마음이 편안하고 푸근해진다. 그리고 고민하는 문제들의 해법이 저절로 터득되는 감화를 받을 때가 많다. 나무들의 감화를 생각해 본다.

나무는 언제나 어디서나 하늘을 향해 자란다.

어릴 때나 자라서나 늙어서도 한결같다. 어떤 악조건이나 장애가 와도 그 절절한 정신은 변함이 없다. 오직 하늘을 향해 태양을 향해 뻗어간다. 조금이라도 하늘에 가까워지려는 일념만 있다. 정성을 다하고 최선을 다해 위를 향한다. 장애물을 만나도 목표를 수정하지 않는다. 언제나 힘차게 위로 뻗어 간다. 하늘을 향하는 올곧은 정신이 충일하다. 본받아야 할 정신이다.

나무는 모두를 포용한다.

새들이 머리 위에 집을 짓고 온몸에 오물을 묻혀도 불만없이 감싸 주고, 벌레들이 피부에 상처를 내도 말없이 먹이를 제공한다. 해코지만 하는 산짐승들에게 맛과 영양이 넘치는 열매를 주며, 산돼지들이 몰려와 살점을 뜯고 사람들이 괴롭게 해도 대꾸하지 않는다. 너그러운 마음으로 모두를 포용한다. 성자 같은 삶이다. 사람들이 배워야 할 모범이 아닌가.

나무는 불만을 모른다.

산비탈이든 바위틈이든 자갈밭이든 언덕이나 골이나 뿌리내린 곳에서 일생을 보낸다. 환경이 좋거나 나쁘거나 마음 쓰지 않고, 정성을 다해 오늘을 산다. 말없이 평화롭게 자란다. 흐르는 구름들을 부러워하지 않고 이웃과 비교하고 시기하지 않는다. 눈비가 오고 바람이 불어도 위축되는 일 없고 자세에 흐트러짐이 없다. 언제나 늠름한 모습이다. 얼마나 달관한 삶인가.

나무는 역경을 인내한다.

동장군의 내습으로 삭막해진 겨울에 잎들과 열매들을 모두 보내고, 홀로 추위의 고통을 겪지만 찡그리지도 웅크리지도 않는다. 벗은 몸 삭풍을 맞으며 모진 추위 속에서 나무는 이를 악물고 시련을 인내한다. 돌아올 봄을 기다리며 버틴다. 불행에 대처하는 방법은 죽은 듯이 인내하는 것임을 나무들은 몸소 보여 주고 있다. 불행을 만난 사람들이 배워야할 지혜다.

나무의 최후는 아름답다.

산길을 가다 보면 나무들의 최후를 가끔 목격한다. 아름드리나무가 편하게 누워 썩고 있다.

온갖 벌레들의 집이 되고 식량이 되고 있다. 마지막 모든 것을 산 것들을 위해 제공하며 흙으로 돌아가 옥토를 만든다. 미련 없이 모두를 주고 간다. 살아서 한 일 자랑하지 않고 이름을 남기려는 욕심이 없다. 흙에서 자란 몸, 흙으로 돌아간다. 아름다운 최후다. 이름을 남기려고 화려한 무덤을 만들고 동상을 세우는 이들은 생각해볼 일이다 .

나무가 있는 곳은 생기가 넘치고 평화롭다.

생명의 근원인 산소를 뿜어 언제나 상쾌한 환경을 만든다. 자연의 순환에 맞추어 봄이면 가지마다 수많은 잎들과 꽃들로 생명력의 장관을 이루고 여름이면 우거진 푸르름으로 무한한 정기를 뿜는다. 그리고 가을이면 알찬 열매로 풍요로운 결실을 선사한다. 나무는 철따라 아름다운 생명력이 충일하다. 그래서 나무가 무성한 곳은 온갖 생물들이 풍성한 삶을 누리는 생기 넘치는 낙원이 되지만, 나무가 없는 세상은 황막한 땅 죽음의 세계가 연상되어 생각만 해도 두렵다. 나무는 그 존재 자체가 평화요 생명이다. 자연의 훼손 자 인간들은 나무 앞에서 반성해야 하지 않을까.

나무는 단순한 하나의 식물이 아니다. 침묵의 웅변으로 참다운 삶을 가르치고 있는 큰 스승이다. 하늘을 향해 힘차게 뻗어가며 생명력이 충일한 삶을 살라고 한다. 그리고 모두를 포용하는 너그러운 마음으로 인내하며 모두에게 베푸는 아름다운 삶을 살라고 한다. 그리고 몸소 실천하며 보여주고 있다. 나무들의 삶, 그것은 우리들이 지향해야 할 삶의 모범이다.

(2012. 『기독교수필』 22호)

춘천 회상

퇴직자들의 모임인 '○○은행 동우회'는 매월 네 번째 화요일에 지방 나들이를 한다. 명승지 탐방과 2~3시간 등산을 하는 당일 코스 버스투어다. 흩어져 지내던 옛 동료들을 만나 담소를 나누는 즐거운 시간이기도 하다. 지난 10여 년간 전국 방방곡곡 많은 곳을 다녔는데 이번에는 춘천의 명승지 탐방이다. 교외로 들어서자 왁자지껄하던 차내 분위기는 조용해지며 모두 창밖의 경치를 감상하기에 바쁘다. 상쾌한 기분으로 달리는 차창의 풍경을 바라보노라니 잊었던 옛날이 뇌리에 스친다. 춘천은 나에게 특별한 감회가 서린 곳이다.

40대 초반에 춘천 지점장으로 발령을 받고 부임했다.

그 당시 집사람의 직장과 아이들의 학교생활 때문에 가족이 함께 이사하지 못하고 큰 사택에서 혼자 생활했다. 그리고 주말이면 내가 서울 집으로 가든가 아니면 가족이 춘천으로 와서 주말을 보내는 주말가족으로 춘천과 서울을 함께 다녔다. 그 때 경춘가도는 대자연의 아름다운 절경이었다. 산들과 호수들이 있고 풍부한 수량의 강들과 작은 나들, 아담한 들녘이 그림같이 어우러진 길이었다. 도중에 길가 약수터에 차를 세우고 청량한 지하수를 마시며 냇가에 들러 맑은 물에 발 담그고 세수도 하였다. 그 당시 경춘가도는 구불구불한 2차선 도로 하나뿐이었고 차는 많지 않았다. 도로변에는 재래식 기존 가옥의 소규모 식당 몇 개만 있었고, 도로 내내 대자연의 풍경 그대로 펼쳐져 있었다. 청신한 대자연의 기를 받으며 다니던 그 때의 즐거움이 떠오른다. 그런데 지금의 경춘가도는 너무나 많이 변했다.

도로변에는 이상하게 지은 거대한 건물들이 끝없이 이어져 있다. 요란한 색깔의 간판과 화려한 네온사인으로 장식한 모텔, 식당, 노래방 같은 유락시설들이다. 절경의 경춘가도가 도회지의 유흥가같이 변했다. 먼 산마루에도 서양풍의 주택들이 널려 있다. 멀리 보이는 별장과 펜션이 기계충을 앓은 어린애의 머리같이 흉물스런 흠집으로 보인다. 도로는 4차선 길로 곧게 뻗었고 많은 차량들이 꼬리를 물고 논스톱으로 계속 달려야만 한다. 약수터는 길을 넓히면서 흔적도 없이 사라졌고 그림 같던 산들은 상처투성이가 되었다. 수천 년 이어오던 아름다운 자연풍광을 볼 수 없다. 귀한 것을 잃은 상실감이 마음을 누른다. 이러한 현실은 경춘가도뿐 아니라 전국 방방곡곡 어디를 가나 비슷할 것이 아닌가, 이대로 간다면 머지않아 금수강산이 모두 망가질 것 같아 안타까운 마음 지울 수 없다. 사람들은 당장의 필요만으로 자연을 훼손하고 파괴하지만 자연이 파괴되면 인류의 행복과 생존을 보장할 수 없다는 것은 누구나 인정하는 진리다. 이 진리를 모두가 심각하게 깨닫기를 소망했다. 그리고 국가적인 대책이 수립되어 자연 파괴가 중단되고 자연 회복이 실천되기를 바라는 마음 간절하다.

그때 춘천에서 홀로 지내던 생활도 회상했다

낮에는 업무에 치여서 눈코 뜰 새 없다. 그러나 일과가 끝나고 퇴근 후면 매식을 하고 아무도 없는 컴컴한 사택에 홀로 들어가야 하는 생활이었다. 어두운 집안에 들어가 방마다 전등을 켜고 한 번씩 들여다 본 후 거실에 나와 TV를 보기도 하고 책도 읽었다. 말 할 사람 하나 없이 홀로 보내는 그 적적함을 경험했다. 나는 어렸을 때부터 6남매가 한 집에서 살았다. 결혼 후에도 많은 가족이 한집에서 생활했다. 이렇게 대가족의 생활을 하다보면 불편한 것이 한두 가지가 아니다. 언제나 집안은 소란스러워서 불만이었고 조용한 시간이 없었다. 그러나 그것이 행복한 불만이었음을 홀로 사는 경험을 하면서 깨달았다. 대화할 수 있는 가족들이 가까이 있다는 것이 얼마나 행복한 삶이며 가족이 함께 살면서 받는 도움이 얼마나 크고 많은 것인가를 알게 되었다. 홀로 사는 것이 얼마나 큰 고통인가를 경험했던 당시의 춘천생활을 회상했다.

혼자 살면 편안할 것 같았는데 그렇지 않았다. 피곤하고 바쁘다. 물 한 컵 마시는 것, 문단속, 전화받는 것, 간단한 청소, 이불 펴고 개키는 일, 옷 정리, 신발 정돈 같은 자질구레한 가사 일들을 모두 직접 해야 한다. 혼자 생활하면 쉴 사이 없이 바쁘고 피곤하다는 것을 그 때 체험했다.

지금은 아이들을 모두 분가시키고 집사람과 둘이 산다. 그러나 언젠가 홀로 사는 날이 혹 있을 수도 있지 않을까. 그렇다면 춘천의 홀로 생활을 다시 경험할 수 있겠구나 하는 생각을 했다. 오늘 춘천가도를 달리면서 그 시절을 회상하며 잠시 생각했다. (2014년 『수필문학』)

오진

오래 전 일이다.

배가 쓰리고 아파서 가벼운 마음으로 집 앞 단골 병원에 갔다. 의사는 배를 이리저리 눌러 보면서 무엇이 만져진다며 다음 날 공복으로 와서 엑스레이 검사를 받으라고 한다.

다음날 하라는 것을 다 하고 진찰 결과를 기다리는데 간호사가 호명을 하며 보호자와 함께 들어오라고 한다. 왜 보호자와 함께인가. 불안한 마음을 가지고 동행한 집사람과 함께 의사 앞에 앉았다. 의사는 난감한 표정으로 말을 한다.

"지금 엑스레이 검사에서 보면 위에 큰 혹이 있는데 암 같습니다. 진찰 소견서와 모든 진찰 자료를 줄 테니, 큰 병원에 가서 수술을 받아야 할 것 같습니다. 인근 종합병원(분당 차병원) 내과 과장인 원욱희 박사에게 전화로 내일 아침 예약을 하겠으니 찾아 가십시오" 한다.

설마 하던 것이 현실로 되다니, 우리 부부는 그 순간 엄청난 충격을 받고 사색이 되어 위암은 수술하면 나을 수 있으니 걱정하지 말라는 의사의 말을 뒤로 하고 병원을 나왔다. 암이 틀림없구나. 암은 다른 사람이 앓는 것인 줄 알았는데 내가 바로 그렇게 되었구나. 마음을 엄습하는 참담함은 말로 표현할 수 없었다.

아직 죽음에 대한 준비가 미흡한데…, 황당함과 두려움이 나를 사로잡는다. 비통함 속에 별 잡다한 성각을 하지만 모두가 혼란스럽고 정리가 되지 않는다. 성급하게 유언장의 내용을 구상하기도 하고, 유산 문제까지도 생각하다가 기도로 마음을 진정시키며 힘든 하루를 보냈다. 다음 날 예약 시간에 공복으로 차 병원 원욱희 박사를 찾아갔고, 그곳에서 내시경 검사를 받았다. 내시경 검사를 받을 때 원 박사는 보호자인 집사람을 참석시켜 화면에 비친 위 내부를 설명하고, 나는 검사대에 누워서 긴장 가운데 그의 말에 귀 기울였다. "보시다시피 위암은 아니고 약간의 위염이 있을 따름입니다. 안심하셔도 됩니다. 공연히 걱정을 하셨습니다." 나는 누워서 그 말을 듣고 너무 기뻐서 자칫하면 벌떡 일어날 뻔 했다. 그때의 그 기쁨과 안도의 마음을 무엇으로 표현할 수 있을까. 우리 부부는 원욱희 박사에게 감사하다는 말을 거듭거듭 남기고 병원을 나왔다.

그날 병원을 나와서 보는 세상이 그렇게 새로울 수가 없었다. 세상이 달라 보였다. 하늘도 새롭게 보인다. 나무들이 환한 미소로 나를 환영한다. 누구라도 붙들고 덩실덩실 춤을 추고 싶다. 무엇으로도 표현할 수 없는 기쁨과 안도와 감사가 마음속에 가득하다. 나는 병원 벤치에 앉아 잠시 기도를 드린다.

며칠 사이 나 자신에겐 변한 것이 없었지만 극한의 절망과 최고의 기쁨을 경험했다. 왜 그런 오진이 발생했는지는 모르지만 나는 그 사건으로 많은 것을 경험하고 깨달았다.

키에르케고르의 『죽음에 이르는 병』이라는 책에는 '예수님께서 나사로를 살렸다 그러나 나사로는 죽었다'라는 구절이 있다. 이 말은 나사로는 다시 살아나서 기쁘지만 종말의 문제가 해결된 것이 아니니 그 핵심 문제를 해결해야 한다는 뜻일 것이다.

암이 아닌 오진이므로 나는 절망에서 벗어날 수 있었다. 그러나 노년에 접어든 나 같은 사람은 급성 암 환자는 아니지만 10년, 20년 진행되는 암 환자라고 할 수 있고, 절박한 상황은 언제라도 만날 수 있는 것 아닌가. 그런데 평소 이런 생각은 전연 못하고 살았다. 삶의 종말이 있다는 것을 지식적으로는 알지만 나 자신의 절박한 현실의 문제임을 느끼지 못하고 살았다. 나와는 상관없는 일인 듯 태연하였다. 영원히 살듯이 착각하고 무지한 평안을 누렸다. 그런데 정신이 번쩍 드는 경험을 하고 그것이 아니라는 것을 깨닫는다. 그리고 많은 것을 생각했다.

죽음 앞에 선 유한한 존재라는 것을 기억하며, 그 날을 위해서 준비하는 삶을 살 수 있다면 이 해프닝성 사건은 특별한 의미가 있는 것으로 감사한다.

그리고 오진으로 판명되었을 때 마음속에 넘치던 그 기쁨과 감사를 잊을 수가 없다. 며칠 전과 변한 것은 하나도 없지만 지금의 현실은 너무나 행복하다. 왜 그러한 환희를 전에는 느끼지 못하고 살았을까. 그것은 나의 평범한 일상이 복된 삶이며 그 속에 기쁨과 만족과 평안이 있다는 진리를 몰랐기 때문이리라. 무병한 건강, 가족과 선한 이웃이 있는 삶, 최소한의 의식주를 누리는 생활 같은 평범한 것이 큰 축복임을 미처 모르고 살았다. 그래서 복되고 행운이 가득한 현실을 깨닫지 못하고 무료한 삶을 살았고, 불평불만도 많았다.

그런데 이번 극적인 경험을 통해서 나의 평범한 일상생활이 감사와 평안과 기쁨의 삶인 것을 깨달으며 실감할 수 있었다.

우연히 겪은 오진 사건이 나의 삶에 깨우침과 변화를 갖게 한 것을 감사한다. (2017년 『수필문학』)

3부

나와 나의 싸움

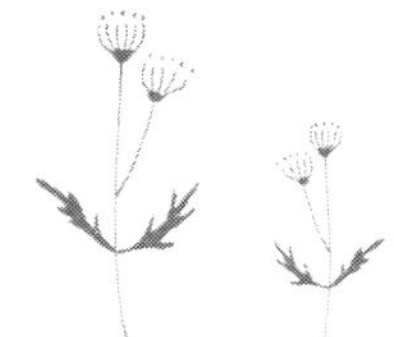

미루나무와 소나무와 바위

분당 새마을 연수원 뒷산인 매봉산은 인근에서 제일 높은 산으로 울창한 숲으로 덮여 있다. 그 속에 들어가면 서울 인근의 산이라 믿기지 않을 정도의 원시적인 자연이 어우러져 있다. 얼마 전 모 TV방송사의 인기 프로에 매봉산의 자연을 특별 방영한 적이 있었다. 하늘을 가리는 울창한 나무 숲, 골짜기에 흐르는 맑은 물, 그 곳에서 볼 수 있는 희귀종의 새들과 온갖 벌레들이 살아가는 별천지의 생태계를 보여 주어 많은 사람들의 관심을 끌기도 했다

매봉산 근방에 살고 있는 나는 운동 코스로 매봉산에 자주 오른다. 나의 코스는 새마을 연수원 못미처 활터 옆으로 난 길이다. 입구는 평지로 길가 미루나무가 높이 솟아 그 위용을 드러낸다. 산 입구에 들어서면 우람한 소나무 숲으로 하늘을

덮는 산길이 한동안 이어지고 급경사의 정상 주위에는 육중한 바위들이 든든히 자리잡고 있다.

그 곳을 오르면 확 트인 시야에 성남시와 분당 아파트들이 한눈에 내려다보이는 정상이다. 이 길이 1시간 정도의 나의 등산 코스다. 나는 사철 이 길을 걸으며 만나는 미루나무와 소나무 그리고 바위들과 많은 대화를 하며 감화를 받는 행운을 얻는다.

미루나무!

미루나무는 하늘을 향해 곧게 자란다. 몸통도 가지도 올곧게 뻗고 굽거나 휘지 않는다. 그 올곧은 정신이 참으로 가상하다.

이른봄 수십만 수백만의 귀여운 새싹들이 곧은 가지마다 일제히 아우성치며 솟는다. 생명력이 충일한 그 광경을 바라보며 침체했던 심신에 신선한 생기가 솟는 경험을 한다.

여름철 전성기의 무성한 잎새들이 바람에 쏠리며 쏴 쏴 내는 장엄한 소리를 들으며 걷는 통쾌한 기분은 무엇으로 표현할 수 있을까. 그 풍성하고 청신한 정취는 가히 일품이다.

가을이 되어, 전성기의 한때를 미련 없이 보내며 황금색으로 변한 잎들을 대자연 속으로 회귀시키는 달관한 모습은 또 얼마나 감동적인가.

겨울 미루나무들, 헐벗은 몸으로 매서운 삭풍의 겨울을 홀로 인내한다. 깡마른 몸으로 시련을 달게 받는 강인함이 마치

역경을 살아가는 예언자의 풍모를 보는 것 같아 경건한 마음까지 갖게 된다.

나는 미루나무가 좋다. 올곧은 모습과 넘쳐나는 생명력이 아름답고 달관한 모습과 시련을 인내하는 정신이 가상하지 않은가. 길가 도열한 미루나무 길을 사철 걸으며 나는 미루나무가 주는 무언의 감화를 만끽한다.

소나무!

소나무는 언제나 푸르다. 사계를 통하여 변하지 않고 늘 그 모습 그 위용을 자랑한다. 평범하지만 뭔가 나름대로 우아함과 도도한 품격을 지니는 소담한 모습이다. 쳐다보면 고상하고 가까이 가면 정이 간다.

소나무는 어디서나 의젓하다. 옥토건 박토건 산이건 들이건 우아한 품격을 잊지 않는다. 아슬아슬한 절벽 틈에서도 늠름한 모습이다. 혼자서도, 무리를 지어서도 품위를 지키며 자란다. 우리의 선조들은 일찍이 소나무를 충신의 충절과 군자의 덕을 상징하는 나무로 대접하고 모든 왕릉에는 우람한 소나무로 보호막을 삼았다. 소나무는 한국인의 정서에 맞는 한국인의 나무인 것 같다. 그래서 남산 위의 소나무는 애국가 가사로 애창되기도 했을 것이다. 나는 소나무가 좋다 우람한 소나무들을 대하면 내 할아버지처럼 믿음이 가고 언제나 정서의 안정을 얻는다. 우람한 소나무들이 도열한 소나무 숲길을 걸으며 나는 언제나 큰 기쁨을 경험한다.

바위!

소나무 숲을 지나 산 정상 가까이에 이르면 우람한 바위들이 당당한 모습으로 자리잡고 있다. 평범한 것 같지만 자세히 보면 바위 하나하나가 '큰 바위 얼굴' 만큼이나 어떤 의미와 신비한 무엇을 풍긴다. 우선 저들의 영원한 시간에 나는 늘 압도당한다.

수백 년의 나무들 수명도 저들에게는 순간일 것이고, 수천 년의 역사도 저들 앞에는 잠시일 뿐이다. 모든 생물들의 이어지는 세대들과 역사의 흥망성쇠를 하루살이를 보듯 말없이 지켜보고 있지 않은가. 억겁의 시간을 이어온 저 침묵 앞에서 나의 유한성을 깨달으며 나의 어리석은 허세와 세속적인 고민이 여지없이 부서진다. 그리고 저들의 변덕스럽지 않은 인상과 배반할 것 같지 않은 신뢰감, 그리고 함부로 굴할 수 없는 위엄과 늠름한 모습이 경박한 나의 삶을 깊이 반성하게 하고 많은 것을 생각하게 한다. 나를 무시하는 듯하지만, 또 어찌 보면 나를 용납하고 눈 감아 주는 듯한 저의 근엄한 모습에서 무한한 감화를 받는다.

나는 바위가 좋다. 생각이 깊어서 행동하지 않고 어떤 자극에도 반응을 보이지 않는 바위가 있어 산은 미덥고 아름답다는 생각을 한다.

나의 등산 코스는 명소다. 미루나무와 소나무와 바위들이 사는 곳이다.

나의 등산은 운동 시간이기도 하지만 그 곳에 사는 스승들에게서 무언의 감화를 받고 깨우침을 얻는 수도의 시간이기도 하다.

(2015년. 『기독교수필』 25호)

나와 나의 싸움

숲은 아름답다. 무성한 나무들과 바닥을 덮고 있는 온갖 풀과 벌레들이 어우러져 생명력이 넘치는 평화로운 세계로 보인다. 그러나 그 속을 들어가 보면 밖에서 보는 것과는 다른 세계가 펼쳐진다. 나무들과 풀들과 벌레들의 세력 다툼이 심각하며 서로를 제압하려는 싸움이 치열한 곳이다.

사람들의 삶도 자세히 보면 이와 비슷한 점이 있다 잘 꾸민 외모와 적절한 표정 관리로 겉으로는 평화롭게 보일 수 있지만 속은 평온하지도 아름답지도 않다. 밖에서 보면 하나지만 속은 하나가 아니다. 선한 나와 그렇지 못한 자아가 함께 있어 서로 으르렁거린다. 선한 의지의 나 외에 악한 성품의 내가 내 속에 함께 살면서 당면한 문제를 놓고 서로를 제압하려는 싸움을 한다. 보이지 않는 이 대결은 엎치락뒤치락 치열하게 전개되고 여기서 선한 내가 이기면 옳은 길을 가고, 악한 내가 이기면 그릇된 일을 저지르게 된다.

나는 가끔 과거를 돌아보며 '그때 그 선택은 참 잘 했어' 하는 일도 있고, '그때 왜 그렇게 엄청난 실수를 했나' 하는 황당한 기억도 있다. 이러한 현실은 내가 나와의 속 싸움의 결과로 되어진 일이다. 이 싸움은 지금도 매일매일 경험하며 그 결과가 생활이 되고 있다.

죄수들을 상대로 상담과 전도를 하는 목사님께 들었다. 죄를 범한 죄수들도 가까이서 상담을 해보면 너무나 착하고 순진한 면을 보게 되고, 하면 안 된다는 생각을 하면서 저지른 자신의 죄를 후회하고 안타까워한다고 한다. 이것은 먼저 자기와의 싸움에서 패했다는 선한 나의 고백일 것이다. 선과 악은 백지장 하나의 차이다.

이러한 싸움은 누구에게나 있었던 것 같다.

바울사도도 자기 속의 악한 자아와의 갈등이 너무 힘들어서 탄식하기도 했고, '매일 내가 나를 쳐서 복종시킨다.'고 자신과의 싸움에 승리한 것을 말하기도 했다. 인자로 오신 예수님도 광야에서 이런 인간적인 싸움을 하시고 이기신 기록이 있다.

성서에서 악마는 타락한 천사라고 했다. 천사와 마귀는 따로 있는 것이 아니고 하나다. 그런데 자신과의 싸움에 이기느냐 지느냐의 결전에서 천사가 되고 마귀가 되는 것이다. 이런 것을 생각할 때 우리 속에서 일어나는 나와의 싸움은 단순한 갈등이 아니라 운명을 가르는 절체절명의 중대한 성전임을 인정할 수 있다.

그러면 내 속에서 나와 대결하는 나는 누구인가. 내 속에 버젓이 자리 잡고 나를 제압하려는 그자의 정체는 무엇일까. 바울사도가 '또 다른 나'라고 표현한 것 같이 그도 다른 모습을 한 나임에 틀림없을 것이다. 이런 점에서 나는 하나이면서 둘이고, 둘이면서 하나인 존재임을 부인할 수 없다.

이 땅은 천국이 아니다. 그렇다고 지옥도 아니다. 이 세상은 성령과 악령(사탄)이 함께 존재한다. 인간은 이 두 세력의 영향을 받으며 삶을 살고 있다. 그래서 사람은 이 땅에 사는 동안 선과 악의 양면성을 벗어나지 못하며 선과 악을 넘나들며 사는 것이 아닐까. 내 속의 악한 나는 악한 세력의 조정을 받는 타락한 나일 것이고, 내 속의 선한 나는 선한 힘(성령)의 인도를 받는 본래의 나일 것이다. 이 둘의 나는 두 영 즉 악령과 성령의 영향을 받는 나의 이중성일 것이다.

우리 속의 이 두 세력의 갈등은 천당과 지옥의 중간 지대인 이 땅에서 사는 동안 피할 수 없다. 그리고 이 싸움은 운명을 가르는 중대한 싸움이다. 이 성전의 승리를 위해 매일매일 최선을 다하는 것이 우리 삶의 가장 귀한 사명이라는 생각을 한다.

(2012.『기독교수필』22호)

인간 가치

나는 한때 대구지점으로 발령을 받고 근무한 적이 있다.

이사는 못하고 주말이 되면 기차를 타고 서울 집으로 오고, 월요일이면 근무 시간에 임지에 도착하기 위해 비행기로 내려가곤 했는데 비행기에서 아래의 광경을 내려다보며 많은 감회를 가진 적이 있었다. 높이 보이던 산봉우리들이 저 아래 낮게 보이고 어지간한 언덕은 평지와 같고 강줄기들은 가는 선이 되며 자동차들은 미세한 버러지들 같고 사람들은 보이지도 않는다. 수백 미터의 상공에서 아래를 내려다보니 세상은 너무나 작으며 그곳에서 아웅다웅 다투며 사는 사람들이 우습게 느껴지기도 했다. 그리고 나도 저 보잘것 없는 존재에 불과하구나 하고 한심한 감회를 가졌었다.

그런데 얼마 전 일간지 ㅈ일보에서 「우주의 크기와 우주의 시간」이라는 어느 천문학자의 칼럼을 보고 이런 느낌과는 비교할 수 없는 또 다른 놀라운 감동을 받았다. 그 내용인즉, 우주는 너무 커서 사람들이 이해를 못하므로 유치원 아이들에게 하듯 비교해서 설명을 한다고 했다.

즉 지구 은하계의 크기를 여의도 넓이만 하게 줄인다면 태양의 크기는 어른 주먹만 하고 목성(태양계에서 제일 큰 혹성)은 구슬 크기가 되고 지구는 작은 모래알 크기가 된다고 한다.

그리고 태양계의 크기를 테니스장 넓이로 줄인다면 태양과 가장 가까운 별(또 다른 태양계)은 1킬로 떨어져 있는 또 다른 테니스장이며 그 사이에는 아무것도 없다고 한다. 이러한 태양계 2000억 개가 모여 있는 것을 은하계라 하고, 이러한 은하계 2000억 개가 모여 있는 것을 우주라고 한단다. 은하의 지름은 10만 광년(1광년: 빛이 1년간 가는 거리)이고 우주의 크기는 140억 광년이라는 상상도 할 수 없는 거리란다. 인간이 사는 우주가 얼마나 광대한가 상상할 수도 없는 것 아닌가, 그리고 이 우주 속에서 인간은 무엇인가 생각이 정리되지 않는다. 두렵다고 할까. 숙연하다고 할까. 감정의 갈피에 혼란이 온다.

우주적 시간에 관해서도 언급을 했다. 유한한 우리의 시간 개념으로는 우주의 시간을 상상하기 힘들므로 이것도 비교로서 설명했다. 100억 년의 우주의 나이는 제쳐놓고 태양의 나이 60억 년을 한 달로 줄인다면, 지구의 나이 2억 년은 하루의 시간이고, 인간의 출현 200만 년은 15분이고, 문명의 역사 5천 년은 2.5초이고, 기원 이천 년은 0.5초이고, 인간의 70평생은 0.05초에 해당된다고. 이러한 수치는 정확한 것은 아니며 학설에 해당되는 것도 있을 것이지만, 그 대체적인 규모는 크게 어긋나지 않음은 입증되고 믿을 수 있을 것이다.

인간의 일생은 '우주의 공간과 시간' 속에서 얼마나 작은 것인가. 우리 인간이 차지하는 우주 속에서의 공간과 시간은 너무나 미미해서 없는 것과 같지 않은가. 그렇다면 인간은 무가치한 존재며 무시되어도 되는 대상일까, 정말 인간은 미미하고 무가치한 것으로 결론을 내려도 될까, 어찌 보면 부인할 수 없는 현실 같기도 하다. 그러나 우리는 이것을 본능적으로 인정하지 않는다. 왜일까, 인간은 만물 중에서 유일하게 정신적인 존재라는 자부심 때문일 것이다.

근대철학의 아버지라고 불리는 데카르트는 '나는 생각한다. 고로 나는 존재한다.' '의식이 없는 것은 무존재(무가치)와 같다'고 설파했는데, 이러한 말은 너무 철학적이어서 쉽게 이해하기 어려운 것은 사실이다. 그러나 그 본 의미는 '인간은 정신적 영적인 존재로서 무엇과도 비교될 수 없는 절대 가치가 있다'는 것을 역설한 것이다. 데카르트의 사상체계를 이어받은 천재 사상가 파스칼은 '사람은 생각하는 갈대다'라고 같은 뜻의 말을 했고 이의 부연 설명에서 '우주가 아무리 커도 인간은 우주보다 귀하다. 왜냐하면 우주는 자기를 모르지만 인간은 자기가 작다는 것을 알고 있기 때문이다'라고 했다. 다시 말하면, 우주 가운데 인간만이 의식을 할 수 있는 존재로 인간만이 정신적인 판단과 영적인 능력을 가졌다고 했으며 우주는 아무리 커도 의식이 없는 무가치(무존재)의 것에 불과하다고 보았다.

그렇다, 인간은 사고와 감정을 가지고 가치를 추구하는 만물의 으뜸으로서 무엇과도 비교할 수 없는 차원이 다른 의미와 능력이 있다. 오늘 사람들이 자신의 이러한 가치를 깨닫고, 자부심을 가지고 만물을 대하고 우주를 바라본다면 얼마나 당당한 삶이 될까, 그리고 우주적인 큰 업적을 이룩할 수 있을까, 하는 생각을 한다. 또 이러한 진리를 갈파한 두 분 철학자에게 감사한다.

그러나 정말 인간 가치의 평가는 기독교에서 찾아볼 수 있다. 구약 창세기에 보면 하나님이 인간을 자기의 형상대로 창조하였고 인간에게 온 우주 삼라만상을 지배하고 다스리라고 했다.

복음서에서 보면 너희들 한 사람 한 사람의 생명은 온 천하(우주)를 주고도 바꿀 수 없는 귀한 존재라는 말씀이 있다. 이것은 사람은 무엇과도 비교될 수 없는 고귀한 존재라는 것을 인정하신 것이다 이 얼마나 놀라운 인간관인가. 또 인간은 영적인 존재로서 영원의 시간 속에 살 수 있다고 했다. 우주의 시간은 아무리 길어도 시작과 끝이 있지만 영원이라는 것은 시작도 끝도 없는 현재만 있는 것으로(성서에서 말하는) 천국 시간인데, 인간만이 구원을 받고 이 영원의 시간을 누릴 수 있다는 것이다. 인간을 영원적인 특별한 대상으로 자신(하나님)의 자녀로 본 것이다. 얼마나 놀라운 사실인가.

인간은 광대한 우주와 시간을 지배하고 다스려야 할 정신적이고 영적인 신비한 능력을 지닌 특별한 존재다. 연약해 보이는 인간이지만 그 속에는 이렇게 영원적인 절대의 가치가 있다는 것이다. 사람들이 아니 내가 이러한 자신의 가치를 알고 생애를 살아간다면, 우리는 얼마나 자신감 넘치는 보람된 삶을 살 수 있을까 생각을 한다.

(2005. 『기독교수필』 15호)

친구 이야기

벌써 50년 전의 일이다.

20대 초반의 나는 새문안교회 청년부에 적을 두고 신앙생활을 열심히 하였다.

주일학교와 성가대에서 봉사하는 바쁜 중에도 매 주일 오후 2시 김형석 교수님 '기독교 강연'에 참석하는 것이 큰 즐거움이었다.

이 집회는 새문안교회 청년부에서 시작했는데 타 교회 청년들의 참석이 많아지면서 김 교수님 개인 전도집회가 되었고 장소도 매 주일 오후 2시 YMCA강당에서 모였다. 얼마 후 장소를 맞은편 시사영어사 건물로 옮겨서 15년 계속하였는데 나는 줄곧 참석했다. 나는 이 집회의 총무일을 보면서 김 교수님 가까이서 지도를 받았고 믿음의 친구들을 많이 만날 수 있었다.

그 시간이 나에게는 너무나 좋았고, 부족하던 나의 신앙을 건전하고 튼튼하게 해 주는 듯했다. 이렇게 수년을 지내다 보니 참석하는 분들과 자연히 친분을 갖게 되고, 강의가 끝나면 몇몇이 김 교수님을 모시고 인근 다방에서 정담을 나누는 주일 일과가 큰 즐거움이었다. 그 때 그 집회에서 총무겸 회계를 맡은 분은 전영식이라는 초등학교 교사였다. 그는 나와 동갑이며 처음부터 이 집회에 참석한 관계로 나와는 동지적 친분을 갖게 되었다. 그는 서예에 뛰어나서 국전에도 여러 번 입선하였고, 교사로서도 늘 표창을 받는 성실한 모범 교사였다. 우리는 김 교수님을 스승으로 모시고 그 가르침을 받으며 그는 교사로 나는 은행원으로 안정되고 복된 생활을 하였다.

그런데 1968년 그와 내가 30세 되던 봄 그에게 예상 못한 사건이 일어났다.

어느 주일 교수님의 강의가 끝나고 만난 자리에서, 그는 심각한 표정으로 그 집회의 총무와 회계 일을 모두 나에게 인계하고 곧 미국으로 떠나야 한다고 했다. 이 사실은 나에게만 말하니 당분간 비밀로 하라고, 그리고 김 교수님과 다른 분들은 떠나기 전 공항에서 전화로 인사드리겠다고 한다. 나는 갑작스런 말에 너무나 황당하고 당황하였지만 곧 그 사연을 알게 되었다.

그는 당시 한남초등학교에서 6학년을 담임하였는데 그 당시 군사정권의 획일적이고 기계적인 주입식 교육을 강요하는 교육 현실이 너무나 불만스러웠다. 그래서 자기 반을 민주적으로 운영하며 다양하고 개성적인 인성 계발의 교육에 힘썼던 특별한 교육자였다. 그러나 그 당시는 너무나 가난한 시대로 교사 봉급으로는 가족들의 생활을 감당하기 힘든 형편이었다.

그는 어느 날 제자되는 반 아이들에게 선생으로서 솔직해야 한다는 생각에서 말했다.

"선생님 월급으로는 선생님(자신) 자녀의 교육도 시키기 힘들다. 그래서 학부모님들이 도와줄 때 받는 경우도 있단다"는 요지의 말을 했다고 한다. 순진한 아이들에게 너무 솔직한 것이 탈이었을까. 반의 한 아이가 '우리 선생님이 돈을 요구한다'고 교육감에게 편지를 썼고, 이로 인해 감사를 받고 당사자인 담임교사가 사임하게 된 것이다. 제자가 스승을 고발한 안타까운 사건이었다. 제자의 배신과 우리의 현실에 실망한 그는 모든 희망을 접고 미국에 가서 새 삶을 살겠다고 결단한 것이다. 나는 교육을 천직으로 삼고 일생을 바칠 것이라는 그의 평소의 말과 그의 순수한 양심과 진심을 생각하며 큰 충격을 받았고, 우리나라는 귀한 교육자 한 분을 잃었다는 안타까운 마음을 가졌었다.

나의 친척분이 캐나다 초기 이민자로서 크게 성공하고 있던 때라 연고가 없는 미국보다는 캐나다로 가라고 권유하고 소개편지와 함께 친지들에게 부탁하였고, 그는 캐나다로 떠났다.

그 후 김 교수님 집회에서는 이 사건을 하나의 안타까운 일로 넘기고 집회는 매주 계속되었다.

그러던 중 몇 달 후 서울시 교육위원회에서 발행하는 『교육』이라는 잡지에 실린 김 교수님의 글을 읽고 이 사건에 대해서 다시 한 번 생각하고 새로운 감명을 받았다. 「교육의 성공」이라는 제목인데 당시의 교육현실과 전영식 교사에 대한 글이었다. 다음은 이 글의 결론 부분이다.

'전 교사는 교육의 실패자가 아니다. 그는 교육의 성공자다. 자기 반 아이들을 획일적으로 무조건 순종하는 순종형으로 만들지 않았다. 민주적으로 교육하였고 자율적인 판단과 그에 따른 행동을 할 줄 아는 인물을 만들었다. 이것은 위대한 교육이고 그는 이러한 교육에 성공한 교육자다. 그 아이는 비록 담임선생이라도 옳지 않다고 생각할 때(오해였지만) 과감히 이를 시정하려는 용기 있는 행동을 실행했다. 이는 그 담임 선생의 탁월한 교육의 결과다. 훌륭한 교육을 한 이런 훌륭한 교사를 우리 사회는 외국으로 추방했다. 한국 사회는 위대한 교사 한 분을 잃었다. 안타까운 일이다'라는 취지의 글이었다.

나는 교육에 대해 잘 모르지만 무엇인가 깊은 감동을 받았다. 평소 내가 그에 대해서 가졌던 생각이 옳았고 이를 김 교수님이 논리적으로 권위 있게 변호하고 입증하신 것을 읽고 무한한 기쁨을 얻었고 김 교수님께 깊이 감사했다.

지금 그 친구는 캐나다에서 크게 성공하여 재력가가 되었으며 현재 토론토에서 그 곳 우체국을 운영하며 좋은 신앙인으로 교회와 교포 사회에서 활발히 활동을 하고 있다.

그 친구와 나는 지금도 친밀한 교제을 나눈다. 그리고 그때 그일을 회상하며 젊은 시절 순수했던 우리의 삶을 생각하며 깊은 감회를 갖는다.

(2011년 『기독교수필』 21호)

미지의 미래

사람들은 장래 어떤 일이 일어날지 모르고 산다.

그래서 원하는 일들이 잘 이루어지기를 바라는 간절한 소망을 갖고 살지만, 한편으로는 불행스러운 일에 직면할지도 모른다는 불안이 있다. 특별히 인생의 중대사를 앞두고는 소망과 불안의 중압감으로 그 결과를 알고 싶은 조급한 마음이 있다.

이러한 심리적 현상 때문인지 거리 뒷골목에는 점쟁이들이 성업을 이루고 있는데, 입시철이나 연초에는 문전성시의 호황을 누린다고 한다. 인생철학관이라는 거창한 간판을 달고, 이상한 분위기의 방에, 미래를 본 듯이 말하는 예지자(점쟁이)가 허세를 부리며 내객을 기다리고 있다. 그들 앞에 많은 사람들이 몰려드는데 그 중에는 지식인이나 사회 지도층 인사들도 상당수라고 한다. 특별히 연예인이나 정치인들이 많다는 기사를 보았다. 그들이 정말 장래 일을 안다면 그 정도의 뒷골목 삶을 살고 있을까, 조금만 생각하면 속임수임을 바로 알 수 있지만 사람들은 혹시나 하는 미련을 버리지 못하는 것 같다. 그래서 주위의 눈총을 의식하면서도 금전과 시간을 마구 허비하며 비굴한 저자세로 그들을 찾는다. 그런데 사람들이 자기 미래의 일을 알고 싶은 마음이 절실함은 인지상정이라 어쩔 수 없지만, 그렇다고 자기의 미래를 다 알고 살면 좋은 일일까.

내 친구는 연로하신 모친이 암 진단을 받고 시한부 삶을 살게 되자 온 가족이 이를 비밀로 하는 것을 보았다. 잘한 일인지는 모르겠으나 모친이 모르시는 것이 더 좋다고 생각한 것 같다.

만약 사람이 자기의 죽는 날이나 불행한 미래를 안다면 어떨까, 대다수의 사람들은 마치 사형 언도를 받은 죄수와 같이 비참하고 낙심해서 정상적인 삶을 살 수 없을 것이다. 그런 일을 우려해서 그의 가족들은 어머니의 암을 비밀로 했을 것이다. 불행한 미래를 모르는 것이 더 좋을 것이라는 그 생각을 이해할만 하다.

그렇다면 반대로 성공한 자신의 미래를 미리 보여 준다면, 그 사람의 삶에 유익할까. 아마도 대부분의 사람들은 성공한 자신의 미래를 믿고 오늘을 자만과 교만으로 생활할 것이다. 성공을 위한 긴장과 열성은 사라지고 안일함으로 살게 될 것이고 그래서 성공한 장래는 오지 못할 것 아닌가. 불행한 미래를 미리 아는 혼란 못지않게 성공한 장래 일을 미리 안다는 것도 그의 삶을 또한 망치게 될 가능성이 크다.

그렇다면 행, 불행의 극단적인 미래가 아닌 평범한 미래를 미리 아는 것은 또 어떨까. 영화관에서 재미있다고 한 영화를 두 번 연속해서 본 일이 있었다. 두 번째 볼 때는 다음 장면과 결과를 모두 알고 있어 긴장도 흥분도 없고 싱겁기 그지없었다. 우리의 삶도 앞일을 다 알고 산다면 그와 같이 무미한 것이 될 것이 분명하다. 삶의 활기를 다 잃을 것이다. 그래서 행복한 미래든 불행한 미래든 평범한 미래든 그 미래를 모르고 사는 우리의 삶이 다행스럽다는 생각을 한다.

옛 사람들도 장래 일을 알고 말하는 것은 천기누설이라고 해서 금기시했고 천기누설자는 반드시 죽어야 한다는 저주의 대상으로 삼았다. 이것은 옛 사람들이 삶의 깊은 성찰과 경험 가운데 터득한 슬기로운 진리인 것 같다.

옛말에도 진인사 대천명(盡人事 待天命)이라고 했다. 최선을 다하고 하늘의 처분을 기다리라는 뜻이다. 과정은 나의(사람의) 몫이고 결과는 하늘(하나님)의 몫이라는 뜻이다. 하늘의 뜻인 미래 결과에 너무 연연하지 말고 현재 최선을 다하는 것이 가장 귀한 삶이라는 가르침이다. 과정이야 어떠하든 좋은 결과에만 집착하는 현대인들이 음미할만한 말이다. 성서에 '씨를 뿌리는 대로 거둔다.'는 말씀이 있다. 오늘의 삶의 결과가 미래를 이룬다는 말이다. 오늘 가치 있는 삶을 사느냐 그렇지 못하느냐에 따라 밝은 미래 혹은 어두운 미래가 된다는 의미다. 이 진리 하나면 족하지 않을까.

(2013. 『기독교수필』 23호)

설마의 함정

실버극장에서 명화 「타이타닉」이라는 흘러간 영화를 감상했다. 그 내용은 1912년에 있었던 해양 참사를 다룬 실화 영화다. 대영제국은 타이타닉이라는 세계 제일의 4만 톤급 대형 여객선을 건조하고 첫 항해로 미국을 향해 출항한다. 2200명 승객들은 호텔과 같은 숙식과 안락한 선상생활을 하며 여행을 즐긴다. 그러나 출항 4일째 되는 날 밤 타이타닉 호는 북해에 떠다니는 빙산과 충돌하고 두 동강으로 깨져서 침몰하며 승객 1513명이 수장당하는 참사가 발생했다. 혹한의 겨울바다에서 아비규환 속에 죽어가는 사람들의 모습이 너무나 비참하다 못해 끔찍한 참사다. 절대로 있어서는 안 될 이런 일이 왜 발생했을까. 비통한 마음뿐이다.

그런데 그 항해에는 그럴 수 있는 여건들이 있었다고 한다.

봄철인데도 여름 항로인 북극해 항로를 선택했고 밤에도 최대 속력으로 달렸다. 아직 녹지 않은 빙산이 떠다니는 북해 항로에서 밤낮 전속력의 항해는 위험천만한 것이었다. 남쪽 항로를 선택하여 정상 속도로 항해를 했다면 참변을 피할 수 있었을 것인데 설마 그런 일이야 있겠나 하는 안일한 생각으로 안전을 외면하고 항해하다가 결국은 참담한 참사로 이어진 것이다. 설마가 사람 잡는다는 옛말 그대로다.

이 어이없는 참사를 생각할 때 비슷한 참사인 최근의 세월호 사건이 떠오른다.

2014년 4월 16일 인천에서 제주로 향하던 여객선 세월호(청진해운 소속)에는 승객 476명이 탑승하고 있었는데 전남 병풍도 앞 해상에서 원인 모를 이유로 침몰했고 300여 명의 사망자가 발생한 참사다. 사망자 중에는 수학여행 가는 안산고 꽃다운 학생 2백여 명이 포함되어 있어 더욱 안타까웠다. 학생들 가족은 물론 온 국민이 비통한 충격에 빠진 어이없는 참사다. 왜 있어서는 안 될 이런 일이 발생했나 분노의 마음이 솟는다. 사고대책 본부는 세월호 침몰의 직접적인 원인으로 1. 화물 과적 2. 무리한 선체 증축 3. 조타수의 운전 미숙을 들었고, 그 외 보이지 않는 여러 가지 복합적 요인을 발표했다. 하지만 모든 원인을 한마디로 표현하면 설마 그런 일이야 있겠나 하는 안일한 생각일 것이다. 설마 하는 생각에 위험에 대한 대비를 못했고 그것이 무엇으로도 회복할 수 없는 엄청난 참사로 이어진 것이다. 통분을 금할 수 없다. 예상되는 위험과 참사를 대비하지 못하고 참변을 겪는 이러한 현실을 보면서 국가적 위기의 현실이 왜 자꾸 떠오르는 것일까. 인과관계가 비슷한 것일 수 있기 때문이리라.

우리나라는 분단의 현실에서도 기적과 같이 경제발전과 민주화를 이루었고 모든 분야에서 선진국 수준에 성공한 국가다. 그러나 이면에는 숨겨진 위험과 재앙들이 상존하고 있는 것이 사실이다. 한국의 남북 대치는 세계 최고의 위험 지역으로 분류되며 언제나 전운이 감돈다. 북한은 핵무기를 개발했다고 선전하며 언제라도 핵 공격을 할 수 있다고 위협하고 있다. 미국은 북한의 핵무기를 절대 용납할 수 없다는 의지를 굳히고 모든 방법을 동원하여 이를 막겠다고 공언하고 있다.

지금 전쟁을 한다면 한미 연합군이 막강한 군사력으로 단번에 승리하겠지만 전쟁의 불가피한 피해는 상상을 초월할 것이다. 엄청난 살상 무기가 동원되어 상상할 수 없는 인명이 희생될 것이고 경제적 근간 시설 공장들이 성할 수가 없을 것이다. 권위 있는 언론들과 전문가들이 그러한 예상을 말하고 있다. 이러한 오늘의 이 위기의식은 외국인이나 해외교포들이 먼저 감지하고 걱정하는 소리를 많이 한다. 그러나 정작 당사자인 우리 국민들은 위기에 면역이 되어서인지 설마 하는 마음으로 사는 것이 아닌지 반성해 본다. 위기라고 소란을 떠는 것은 안 되지만 위기 앞에 냉정한 마음으로 지혜롭게 대처할 수 있어야 할 것이다. 만약 이 땅에서 전쟁이 난다면 가장 큰 피해자는 우리 국민이다. 미국도 일본도 중국도 아니다.

이 위기의 당사자는 우리 국민이다. 우리 온 국민이 위기의 현실을 인식하고 이를 대비해서 할 수 있는 모든 일을 해야 한다고 생각한다. 우리 국민은 공통된 한 가지 뚜렷한 목표가 있다. 그것은 한반도에서 전쟁은 절대로 없어야 한다는 것이다.

우리 국민이 염원하는 것은 평화다. 이를 위해서라면 군사력도 증강해야 하고 국제관계의 유대를 확고히 해야 할 것이다. 미리 대비를 못해 당한 6·25의 참상을 우리는 기억하고 있다. 그러한 역사는 다시는 없어야 한다. 현대 전쟁은 승패를 떠나서 당사국에 대재앙임을 알려야 한다. '한반도에서 전쟁은 안된다'는 우리의 염원을 온 국민이 한 목소리로 외쳐야 한다. 우방국들에게도 적대국들에게도 설득하며 주장해야 할 것이다. 지금이 이를 위해 국가적 국민적 정성과 노력을 다해야 하는 때라고 생각한다. 그래서 이 땅에서 전쟁의 참화를 막고 반드시 평화를 이룩해야 한다.

(2016년 『기독교수필』 24호)

가을에

청명한 가을날 인근 율동공원 호수 길을 따라 걷는다.

길가에는 은행나무 단풍나무들이 터널을 이루고 있다. 공원이 조성된 지 20년이 지나며 나무들도 모두 하늘을 가리는 울창한 나무로 자랐다. 대견스럽다. 가을의 막바지를 맞아 나무마다 그림 같은 화려한 색의 단풍으로 장관을 이룬다. 아! 하는 탄성이 절로 나온다.

『곱게 물든 단풍은 봄꽃보다 아름답다』는 어느 책 제목이 생각난다.

거침없는 가을바람이 휘저을 때마다 단풍잎들이 떨어져 길에 쌓이고 수북이 쌓인 저들을 밟고 걸으니 깊은 느낌이 마음을 채운다. 풍성하던 여름철을 지나 그 결실의 기쁨을 누리는 것도 잠시, 미련 없이 떠나는 저들, 하지만 당황하거나 슬픈

기색은 보이지 않는다. 때가 되면 이렇게 떠나는 것은 당연하지라고 하는 담담한 자태다. 아무런 미련 없이 삶의 인연을 접고 고운 색으로 끝날을 장식하고 흙으로 돌아간다.

그 담담한 모습이 너무나 좋다. 사람들의 일생도 따지고 보면 그와 비슷하다는 생각을 한다. 활력이 넘치는 한때의 시기를 지나면 저 낙엽과 같이 석양의 때가 오기 마련인데 사람들의 말년도 이렇게 평화롭다면 얼마나 좋을까. 그러나 만물의 영장이라는 사람들은 저 자연물과 달리 자연에 순응하지 못하고 많은 생각과 고뇌를 하는 것이 아닌가. 인간도 단풍낙엽같이 곱게 물든 담담한 모습이 될 수 없을까 하는 생각을 해 본다. 이런 생각으로 바라보니 단풍이 더없이 아름다워 보인다.

'낙엽에서 달관한 삶을 배우라'고 말한 로마 스토아 철학자 세네카의 말이 떠오른다.

호수의 단풍 길을 지나 확 트인 불곡산 등성이에 오르니 정면으로 맞는 가을바람이 일품이다. 덥지도 차지도 않은 청신한 바람이 거칠 것 없이 휘젓고 어디론가 달려간다. 이곳 보다 더 좋은 곳이 앞에 있다는 듯이 바쁘게 달려간다. 그 바람 앞에 서니 가슴이 탁 트이고 모든 스트레스는 단숨에 사라진다. 좌충우돌 휘몰아치는 신선한 가을바람을 온 몸으로 느끼는 이 기분, 너무나 통쾌하다. 가을바람 하면 영국의 시인 E.B.셸리의 「서풍의 노래」가 생각난다.

오 사나운 서풍!
너 가을의 숨결이여!
거센 정신이여 네가 내가 되거라.

기존의 제도와 고정된 가치관에 저항하는 그의 자유분방한 사상을 가을 서풍에 빗댄 명시 「서풍의 노래」의 한 구절이다.

그는 억압과 인습에 반항하며 이상주의적 자유와 사랑을 노래한 천재 시인이다. 기존사회의 핍박과 비난을 받지만 굴하지 않는다. 무신론자로 옥스퍼드대학교에서 퇴학을 당하고 부도덕한 자라고 냉대를 받지만 그는 조금도 위축되지 않고 자유와 저항의 삶을 산다. 가을바람같이 좌충우돌 휘저으며 거침없는 생애를 산 풍운아, 그리고 가을바람같이 급히 가버린 29세에 요절한 대시인, 그의 자유정신과 그의 명시 서풍의 노래를 생각한다. 그리고 사람들이 즐겨 암송하는 '겨울이 오면 봄이 어찌 멀리요'라는 이 시의 끝 절도 함께 음미해 본다.

정상에 오르며 하늘을 본다. 가을하늘 참으로 좋다. 높고 맑고 푸른 드넓은 하늘 너무나 좋다. 하늘은 언제 보아도 모든 것을 포용하고 용서해 주는 것 같다. 그래서 바라만 보아도 속이 밝아지고 기쁜 마음, 편안한 마음이 되는 것 같다. '하나님 나라'를 '하늘나라'라고 하는 뜻을 알 것 같다. 우리 위에 저러한 하늘이 있다는 것은 너무나 신비롭다. 그동안 왜 이 드넓은 하늘을 바라보지 못하고 늘 땅을 보며 살았나 반성한다. 마음이 괴롭고 답답할 때 먼저 한없이 드넓은 하늘을 바라보리라. 그리고 나의 고민들이 얼마나 미미한 것인지를 깨닫고 하늘이 주는 위로와 모든 것을 용서해 주시는 그분을 생각하리라.

가을하늘에는 흰 구름더미가 듬성듬성 떠간다. 순결한 구름들이 온갖 기묘한 형태를 이루고 어디론가 끝없이 흘러간다. 흔적도 없이 사라지는 모습이 너무나 평화롭다. 저 흘러가 사라지는 가을구름을 바라보며 인생의 무상함을 생각한다. 사람들은 누구나 시간의 흐름을 타고 가다가 흔적도 없이 사라지는 존재라는 평범한 진리를 가을을 살면서 새롭게 깨닫는다. 그리고 영원과 그 나라를 상상해 본다. 가을은 많은 것을 깨닫게 하고 마음에 풍성한 위로를 얻게 하는 좋은 계절이다.

4부

믿음은 하나님의 선물

_ 사도바울

_ 믿음은 하나님의 선물

_ 사랑의 삶과 천국

_ 죽음과 천국신앙

_ 지식과 믿음

_ 그리스도인과 포상(褒賞)

_ 하나님이 주신 것

_ 빌립보서

사도바울

기독교는 2천 년 전 지구 한 모퉁이에서 무식한 사람들에 의해 전파되기 시작했다. 300년 후에는 당시 대로마 제국을 굴복시킬 정도로 발전했고 오늘날 이르러서는 전 세계에 전파되어 모든 분야에 큰 영향력을 미치고 있다. 이 모든 일은 하나님이 배후에서 하신 일이다. 그러나 현실적인 역사를 살펴보면 이천 년 전 기독교가 출발할 때 바울이라는 위대한 인물이 나타나서 기독교의 신학적 영적인 기초를 튼튼히 세워 놓았기 때문에 비약적인 발전이 가능했다고 생각한다.

바울 사도의 삶과 믿음을 보면 모두가 감동을 주는 내용들인데 그중 몇 가지를 생각해 보려고 한다.

1. 먼저 바울의 생애와 그의 믿음의 삶을 일관해 본다.

바울은 당시 로마 문명과 그리스 문명이 공존하는 문화의 도시 다소에서 한 부유하고 교양 있는 정통 유대인 가정에 태어났다. 유대인 가정이지만 당시 권력의 비호와 특권을 누리는 로마 시민권을 가진 가정이다. 바울은 이 좋은 가정에서 청소년 시절 로마 그리스의 문화와 철학을 공부한다. 그리고 청년이 된 후에는 예루살렘에 유학을 가서 가말리엘 문하에서 유대교 율법을 공부하고 바리새파 유대교도로 성장한다. 바울이 예루살렘에서 율법 공부를 마쳤을 그때는 예수님이 부활 승천하신 후며 제자들이 복음을 전하기 시작하던 때다.

바울은 바리새파 무리들 속에서 예수님 제자들을 박해하는 일에 참여하지만 조금은 특별한 인물이다. 당시 학문과 율법을 통달한 젊은 지식인으로서 순수하고 진실한 성품의 사람이었다. 이러한 상태에 있는 그를 하나님께서 일방적으로 택하시고 기독교 기초를 튼튼히 세울 중요한 인물로 삼는다. 하나님께서 그를 택한 사건은 사도행전 9장의 내용으로 우리가 잘 아는 '다메섹 사건'이다. 당시 바울은 예수 믿는 자들을 포박하려고 다메섹으로 가는 도중이었는데 이때 큰 사건이 일어난다. 그 앞에 갑자기 나타난 너무나 강렬한 빛을 받고 바울은 그 자리에서 고꾸라진다.

그리고 "사울아 사울아 네가 어찌하여 나를 박해하느냐"라는 음성을 듣는다. 바울이 주여 누구십니까 하고 외칠 때 "나는 네가 핍박하는 예수다. 이제부터 너를 복음을 전하는 나의 그

릇으로 삼을 것이다"라는 예수님의 음성을 듣는다. 바울은 그 빛에 며칠 시력을 잃지만 '아나니아'라는 사람의 도움과 지도를 받아 성령님의 역사하심을 체험하던 중에 그리스도인으로 새롭게 거듭난 새 사람이 된다.

복음을 깨닫고 중생을 경험하며 즉시 복음을 전하는 열정적인 전도자가 된다. 모두가 기적적인 사건이다. 이후 바울은 30여 년의 생애를 흔들림 없이 확고하고 일관된 믿음으로 전도자의 생애를 산다. 주저하든가 망설임은 없다. 다메섹 도상에서 예수님을 만나 회심한 그때부터 로마감옥에서 세상을 떠날 때까지 30여 년을 마치 100미터를 경주하는 자와 같이 초인적인 삶을 살아간다. 베드로 다윗 같은 성서의 모범적인 인물들도 그렇게 살지 못했다. 그렇게 순수하고 열정적으로 일관된 믿음으로 산 바울의 생애는 정말 귀하고 위대하다는 생각을 한다.

2. 바울은 극심한 고난의 삶을 겪지만 큰 업적을 이룬다.

바울은 고후 11장 23~27절에서 자신이 겪은 고난을 언급한다. 이 말씀을 자세히 보면 불평하든가 누구를 원망하는 것은 전연 없이 그냥 담담하게 자기의 고난을 말하지만 그가 겪은 고난의 극치를 실감할 수 있다.

바울은 요즘 말로 하면 금수저 출신이다. 가문이나 학벌이나 재력이나 사회적 명예, 이 모든 것에서 영화를 누릴 수 있는 위치의 사람이었다. 그러나 예수님을 만나 중생을 경험한 후에는 이 모든 것을 배설물같이 버리고 복음 전파를 위해서 고난의 생애를 산다. 그의 고난의 삶은 오늘날 사람들이 이해할 수 없는 극심한 위험과 시련의 삶이다. 그 예로써 2천 년 전 당시는 사람들이 사는 도시를 조금만 벗어나면 맹수들과 강도나 도적떼들이 우글거리는 위험 지역들이었다. 전도를 위해서 이런 곳을 걸어 다니며 대부분 노숙을 하였을 것이다. 식사며 옷이며 생활이 얼마나 불편했을까. 성경에 바울이 '더베'에서 '루스드라'에 갔다. 한 줄로 표현했지만 그 거리는 며칠간 걸어야 하는 산길이다. 온갖 생존의 위협을 겪는 여정이다 또 당시 바닷길은 얼마나 위험했을까. 바울은 리빙스턴을 능가하는 탐험가였다고 한다.

그 고생과 위험이 얼마나 심각했고, 가는 곳마다 박해를 받으며 전도하는 것은 또 얼마나 힘들었을까. 바울 사도는 이 큰 고난 가운데에서도 불평이나 섭섭함이 전연 없었다. 어떻게 그러한 삶이 가능했을까. 바울 연구가들의 글을 보면 바울 사도는 이 땅에 있지만 이미 하늘나라의 삶을 살고 있어서 이 땅의 고난에 대해 불만도 없고 두려움도 있을 수가 없었다. 오직 인류 구원과 하늘나라와 복음 전도에만 전력을 다한다. 더욱이 놀라운 것은 바울은 이러한 고생을 하면서도 가는 도시마다 교회를 세우고 이 교회들이 잘 성장하도록 편지를 써서 격려했다. 13편의 서신을 쓰고 만년에는 로마 감옥의 열악한 환경 속에서도 4편의 귀중한 옥중서신을 또 쓴다. 이 17편의 바울 서신은 신약성서의 중심 내용이 되고, 기독교 신학의 기초가 된다. 위대한 업적이다. 이 큰 업적이 그의 고난의 생활 가운데 이루어졌다는 것이 놀랍기만 하다. 오늘의 그리스도인들은 작은 고난 앞에서도 불평하고 좌절하며 해야 할 일을 못하는 것은 아닌지 반성해야 한다는 생각을 한다.

3. 바울은 이루어지지 않은 기도에 감사한다.

바울 사도는 하나님의 은혜 가운데 일생을 살았고 기독교의 기초를 튼튼히 놓으신 분이다.

바울 사도는 큰 업적을 이룬 인물이지만 그의 사적 생활에서 어려운 문제를 적은 기록이 있다. 고린도후서에서 보면 원치 않는 몸의 가시가 있었다. 그를 괴롭히는 신체적인 고질병이었다. 그는 이 몸의 가시를 없애 달라고 여러 번 기도했다. 그러나 하나님께서는 그 기도를 들어주시지 않았다. 바울은 남의 병은 고쳐 주었지만 정작 자기의 병은 고칠 수 없었다. 인간적으로 얼마나 답답했을까. 그런데 하나님께서는 바울에게 이 기도의 응답으로 말씀한다.

고후 12장 9절 전반에 "내 은혜가 네게 족하도다 이는 내 능력이 약한 데서 온전하여짐이라"고 했다. 그 고통에 대한 의미를 알려 주셨다. 이것이 응답이었다. 바울 사도는 이 의미를 즉시 깨닫는다. 그리고 고후 12장 9절 후반에 "그러므로 나는 도리어 크게 기뻐함으로 나의 여러 약한 것들에 대하여 자랑하리니 이는 그리스도의 능력이 내게 머물게 하려 함이라"고 하였다. 하나님의 은혜를 전적으로 신뢰하는 믿음이다. 이 사건의 의미를 생각해 본다.

당시 바울이 너무나 큰 일을 하게 되니까 그도 인간인지라 자칫 교만해질 수도 있었을 것이다. 그래서 하나님께서는 바울이 겸손과 간절한 심정을 간직하고 하나님의 큰일을 온전히 성취할 수 있도록 하기 위해 하신 불가피한 조치였다. 바울사도는 하나님의 그 뜻을 즉시 이해하고 기도가 이루지지 않은 것을 감사하며 기뻐한 것이다. 이러한 자세가 정말 믿음일 것이다.

우리는 기도할 때 하나님의 더 큰 뜻을 깨닫지 못하고 당장의 기도가 이루어지지 않음을 불평하며 우격다짐으로 내 요구만을 주장하는 것은 아닌지 생각해 봐야 한다.

4. 바울은 기쁨과 감사의 신앙을 전한다.

바울 서신에는 '기뻐하라'는 말씀이 많이 있다. 데살로니가전서 5장 16~18절에 '항상 기뻐하라, 범사에 감사하라, 쉬지 말고 기도하라'는 말씀이 있다 이 말씀은 바울 사도가 데살로니가 교회 교인들에게 편지로 한 것이다. 이 말씀은 잘될 때 기뻐하고 감사하라는 뜻이 아니고 언제나 기뻐하는 삶을 살며 어떤 환경에서도 언제나 감사하라는 말이다. 당시 형편을 보면 데살로니가 교회는 세상의 심한 핍박을 받으며 내부적으로는 이단 사상이 들어와 혼란을 겪고 있었고 바울 자신은 감옥의 죄수로 열악한 환경 가운데 고통이 컸을 것이다. 감사하고 기뻐할 처지가 아니다. 그런데 바울 사도는 교인들에게 '참고 인내하자'라고 말하지 않았다. '지금 현재 기뻐하는 삶 감사하는 삶을 살라'고 했다.

나도 감옥에서 그렇게 살고 있다. 너희도 그렇게 살아라는 뜻이 내포된 말씀이다. 사도 바울은 온갖 고난 중에도, 질병의 고통 속에서도 기도의 무응답 가운데서도 항상 기뻐하고 감사하는 삶을 살았다. 어떻게 그러한 삶을 살 수 있었을까.

바울에게는 하나님의 은혜가 너무나 커서 불만이 있을 수 없다. 그 큰 은혜를 생각하면 모두가 감사요 기쁨이었을 것이다. 예를 들어 어떤 사람이 나에게 금 덩어리 하나를 거저 선물로 주었다면 나는 너무나 큰 것을 받았기 때문에 나는 그에게 어떤 불만도 없었을 것이다. 포장지에 싸주지 않았다고, 내가 바쁠 때 보냈다고 불만할 수 없을 것이다. 감사와 기쁨만 있다. 바울 사도의 하나님께 향한 마음이 그러하지 않았을까. 오늘의 그리스도인들은 사소한 문제만 있어도 하나님의 은혜를 잊고 기쁨과 감사를 잊은 삶을 살고 있는 것은 아닌지 반성해 봐야 한다.

5. 바울 신앙의 기초는 부활 신앙, 재림 신앙이다.

고린도전서 15장은 사도 바울의 부활 신앙 재림 신앙을 분명하고 확실하게 전한다. 바울 사도의 신앙은 부활, 재림 신앙이다. 그는 예수님이 부활하시고 때가 되면 재림하심을 굳게 믿는다. 거기에는 조금도 흔들림이 없다. 확고하다. 그의 신앙의 중심은 부활, 재림 신앙이다. 그의 삶의 일관된 원동력은 그의 그 신앙 위에서 가능했다.

바울 사도의 교훈을 보면 모두가 부활, 재림 신앙과 연계되어 있다. 부활, 재림 신앙의 믿음이 희미한 현대 그리스도인들은 깊이 반성할 대목이다.

6. 바울은 체험한 은혜를 자랑하지 않는다.

천국이라고 말하는 하늘나라는 역사의 마지막 날 하나님께서 인류역사를 심판하고 그 다음에 이루어진다. 그 전에 사람이 죽으면 가는 곳이 '낙원'이라는 곳이다. 하늘나라 가기 전에 머무는 곳이다. 예수님의 십자가 상에서 돌아가실 때 회개한 강도에게 오늘 네가 나와 함께 낙원에 있으리라고 한 그곳이다. 그 낙원이 어떤 곳일까. 궁금하지만 경험하지는 못한다.

그런데 고린도후서 12장 4절에서 보면 바울이 이 낙원을 다녀온 경험을 했다. 놀라운 은혜다. 말로는 표현할 수 없는 곳이라 했다. 세상의 말로 표현했다가 오해가 될까 봐서 말하지 않겠다고 했다. 이 모든 것은 그가 받은 특별한 은혜일 것이지만 이를 자랑하지 않고 겸손하며 신중하게 처신했다. 하나님께서 주신 은혜의 체험을 과장해서 자랑하고, 경솔하게 처신하는 오늘의 그리스도인들에게는 이러한 바울의 언행에서 큰 교훈을 얻을 수 있다고 생각한다.

7. 바울은 은혜를 사모하는 탐구적인 삶을 산다.

수십 년간 고난의 삶을 살아 온 바울 사도는 그의 마지막 삶을 로마 감옥에서 보내었다. 바울은 감옥에서 사랑하는 제자 디모데에게 편지를 썼는데 이 글이 바울의 마지막 서신 디모데후서다. 이 서신은 바울의 유언과 같은 내용인데 사도의 마지막 삶을 보여주는 내용이다. 이 편지 끝부분에 '네가 올 때에 내가 드로아 가보의 집에 둔 겉옷을 가지고 오고 또 책은 특별히 가죽 종이에 쓴 것을 가져오라'(딤후 4:13)라는 부탁을 한다. 이 말은 바울 사도의 만년의 삶과 심정을 알 수 있는 의미 있는 말이다.

세월이 흘러 지금은 70세 고령으로 감옥에서 최후가 예감되는 절박한 때다. 그리고 그 곳은 겨울이 다가오는 열악한 환경의 감옥이다 그는 몸에 걸칠 외투 하나가 없어서 바다 멀리 외국에서 오는 제자에게 겉옷을 가져다 달라고 부탁한다. 바울 사도는 로마 감옥의 열악한 환경 가운데 있지만 겉옷과 함께 "또 책은 특별히 가죽 종이에 쓴 것을 가져오라"고 써 보냈다.

그는 나이 많은 죄수로서 언제 죽을지 모르는 현실이다. 그러나 두고 온 책을 가져와서 다시 한 번 읽고 싶은 마음이 간절했다. '가죽 종이에 쓴 책'은 당시로서는 매우 귀중한 책이다 아마 모세의 글이거나 이사야의 글 같은 성서일 것이다. 죽음에 임박해서 그 글을 다시 한 번 읽고 좀더 깊은 은혜에 잠기고 싶었던 그의 마음을 엿볼 수 있다. 죽을 때까지 은혜를 사모하는 그의 진지한 삶의 모습이 너무나 위대하고 감동적이다. 마지막까지 은혜를 사모하여 탐구하는 사도 바울의 삶이다. 우리가 배워야할 대목이라고 생각한다.

(2018『기독교수필』 28호)

믿음은 하나님의 선물

우리 기독교의 복음을 한마디로 요약한다면 요한복음 3장 16절 '하나님이 세상을 이처럼 사랑하사 독생자를 주셨으니 이는 그를 믿는 자마다 멸망하지 않고 영생을 얻게 하려 하심이니라'는 말씀일 것입니다. 저는 이 복음을 믿습니다. 그리고 이 은혜를 감사하며 삽니다.

그런데 이 복음은 세상적으로 본다면 믿기 쉬운 것이 아닙니다. 인간적인 지혜나 지식으로는 믿을 수가 없을 것입니다. 함석헌 선생이 말년에 말씀하신 것을 기억합니다. '2천 년 전 예수님의 희생이 어떻게 내 죄를 사할 수 있겠는가. 이제 발전된 믿음을 갖자'는 글을 쓰셨습니다. 예수님의 교훈은 따르지만 십자가 복음은 믿지 못한다는 것입니다. 함 선생뿐만 아니라 많은 사람들이 그런 생각을 하며 십자가 복음 신앙에 나오지 못한다고 생각합니다.

제 친구들 중에도 젊어서 모범적인 신앙생활을 함께 했는데 지금은 교회를 떠난 사람이 있습니다. 그 친구들과 이야기를 해 보면 믿으려고 해도 믿어지지 않는다고 말합니다. 그럴 때면 저는 성서를 읽고 기도하는 노력을 하면 하나님께서 믿음을 선물로 주신다고 권고합니다. 복음을 믿는 것은 사람의 지혜나 노력으로 되는 것은 아닌 것 같습니다.

에베소서 2장 8절의 말씀에 '너희는 믿음으로 말미암아 구원을 받았으니 이것은 너희에게서 난 것이 아니요 하나님의 선물이라' 믿음은 하나님의 선물이라고 했습니다. 믿음은 우리의 지혜나 노력으로 얻는 것이 아니고 하나님이 믿게 해야 비로소 믿는 것이라는 의미입니다. 성령님이 우리 속에서 역사하심으로 믿는 것입니다. 믿음은 하나님의 선물입니다.

오늘 우리가 복음을 믿는 것은 그 자체가 성령님의 역사요, 하나님의 사랑이라고 생각합니다.

우리는 깨닫지 못하는 것뿐이지 믿음을 갖는 것은 하나님이 역사하시는 대사건이라고 봅니다. 놀라운 기적입니다.

제가 20대 청년인 때 김형석 교수님이 인도하시는 '주일 기독교 강연'에 출석했습니다. 이 집회는 제가 다니던 새문안교회 청년부에서 시작했는데 타 교회 청년들의 참석이 많아지면서 김 교수님 개인 전도집회로 되었고 장소도 매 주일 오후 2시 YMCA 강당에서 모였습니다. 그 후 장소를 바꾸면서 15

년 계속했고 저는 줄곧 참석했습니다. 저는 이 집회의 총무 일을 보면서 김 교수님 가까이서 지도를 받았고 믿음의 친구들을 많이 만날 수 있었습니다. 초창기 로마서 강의를 청강했을 때 큰 은혜를 받았습니다. 나의 죄가 예수님의 십자가 대속의 공로로 용서받는다는 대목을 공부한 어느 주일 저는 너무나 큰 변화를 경험했습니다. 내 죄가 예수님 은혜로 용서함 받았다는 내용이 확실히 믿어지면서 말로 표현할 수 없는 기쁨이 넘쳐났습니다. 내 죄를 모두 용서받다니, 내가 하나님의 사랑을 받고 구원을 성취하다니 세상이 주는 기쁨과는 차원이 다른 하늘의 기쁨이었습니다. 집에 오는 길에 그 기쁨을 주체할 수 없었습니다. 하늘도 나무들도 지나가는 사람들도 모두 새로워 보였습니다. 지금까지의 나와 다른 나였습니다. 거듭난다는 뜻을 이해할 수 있었습니다.

껑충껑충 뛰면서 가로수를 붙들고 덩실덩실 춤을 추었습니다. 누가 보면 이상한 사람으로 보였겠지만, 그런 것에 마음을 쓸 수가 없었습니다. 내 죄가 예수 그리스도의 대속의 공로로 용서함 받았다는 기쁨이 너무나 컸기 때문이었습니다.

이것은 놀라운 변화였습니다. 나의 의지가 아니라 누군가 내 속에 역사하는 능력이었습니다. 저는 이것이 성령님의 역사라고 믿습니다. 성령님의 역사로 얻은 중생의 체험이었습니다. 모든 의문과 고민이 흔적도 없이 다 사라진, 기쁨과 소망이 충일한 경험입니다.

저는 그 후 성서를 읽으면서 이러한 경험을 하며 하나님의 음성을 들을 때가 많았습니다. 특별히 요한복음과 로마서를 읽으면서 무한한 은혜를 받았습니다. '너희는 근심하지 말라 내 아버지 집에 거할 곳이 많다. 네가 나를 택한 것이 아니요 내가 너를 택했다'는 말씀, '너희를 고아와 같이 버려두지 않겠다. 진리가 너희를 자유케 하리라'는 말씀에 언제나 무한한 감동과 은혜를 받았는데 이도 성령의 도우심이라고 믿습니다. 로마서 8장 '하나님의 사랑은 무엇으로도 끊을 수 없다'는 말씀은 언제나 소망과 용기를 새롭게 하였는데 이도 성령님의 역사하심이라고 저는 믿습니다.

제가 불신과 유혹이 많은 세상에서 믿음을 지금까지 지탱할 수 있는 것은 이러한 성령님의 보호하시는 은혜이며 기적이라고 믿습니다.

오늘까지 나의 믿음은 강약이 있고 다소의 굴곡이 있을 때도 있었지만 십자가 복음에서 이탈하지 않고 살아왔습니다. 이 모두가 성령님의 보호하심이 있기 때문이었습니다.

남은 생도 예수 그리스도의 십자가 공로를 믿고 그 안에서 소망과 기쁨, 진리와 자유를 누리는 하늘나라 백성으로 살 것입니다. 그리고 주님이 부르실 그때에도 성령의 충만함 속에서 감사와 기쁨으로 주님 뵈옵고 최후의 구원 완성을 이룰 것을 믿습니다.

(2009. 『기독교수필』 19호)

사랑의 삶과 천국

예수님께서 세상에 계실 때 하신 중요한 설교에는 초기 설교로 마태복음 5, 6, 7장의 산상설교가 있고, 십자가 지시기 직전에 하신 요한복음 14, 15, 16장의 고별설교가 있다.

산상설교는 인류 최고의 도덕률을 설파하신 것으로 비 기독교인들에게도 많은 감화를 준 내용이다. 그리고 고별설교인 요한복음 14, 15, 16장에서는 유언과 같은 말씀을 길게 하셨는데 그 설교의 내용에 '내가 떠나간 뒤에 너희들은 서로 사랑하라'는 것과 '너희를 위해 하늘나라가 준비되어 있다'는 말씀을 하셨다. 고별설교의 이 두 주제를 생각해 본다.

예수님은 고별설교에서 '서로 사랑하라'는 말씀을 유언처럼 거듭거듭 하신다.

그러나 사랑하는 삶이 어떤 것인지 구체적으로 말씀하진 않았다. 사람들은 받은 은혜에 따라 나름대로 그 뜻을 깨달을 수도 있겠지만 대부분의 사람들은 사랑하라는 이 말씀에 구체성이 없어 막연할 수 있다. 사랑하라는 말씀은 너희는 나와 같이 그 나라를 위해 목숨을 바치라는 뜻일 수도 있다. 또 오늘의 용어로 표현하면 자선사업, 교육사업, 봉사 전도를 하라는 뜻도 포함될 것이다. 그러나 이러한 것은 특별한 사람이 실행할 수 있는 것이고, 대부분의 보통 사람들은 사랑하라는 말씀이 자신의 삶에서 '어떤 것인가' 혼란스러울 수 있다.

그런데 다행스럽게도 성경 다른 곳에 사랑의 실천에 대한 구체적인 내용이 있다. 고린도전서 13장이다. 13장의 말씀은 고린도 교회의 형편을 잘 아는 바울사도가 그 실정에 맞게 사랑을 해설한 것이다. '사랑은 이런 것이다'라고 구체적으로 자상하게 말씀하셨다. 그 말씀, 고린도전서 13장 4~7절을 본다.

'사랑은 오래 참고, 사랑은 온유하며, 시기하지 아니하며, 사랑은 자랑하지 아니하며, 교만하지 아니하며, 무례히 행하지 아니하며, 사랑은 자기의 유익을 구하지 아니하며, 성내지 아니하며, 악한 것을 생각하지 아니하며, 불의를 기뻐하지 아니하며, 사랑은 진리와 함께 기뻐하고, 모든 것을 참으며, 모든 것을 믿으며, 모든 것을 바라며, 모든 것을 견디느니라'(고전13:4~7)고 했다. 사랑이 막연하지 않고 구체적이다. 일상생활과 밀접한 내용이다.

예수님의 마지막 설교에서 유언과 같이 말씀하신 '서로 사랑하라'는 말씀과 사도 바울의 사랑에 대한 구체적인 가르침을 함께 보면 사랑하라는 말씀이 쉽게 이해된다. 우리들의 일상 생활에서 실천해야 하는 사랑의 삶을 구체적으로 깨달을 수 있다.

예수님은 고별설교에서 '너희를 위해서 하늘나라를 준비했다'고 하셨다. 그러나 하늘나라가 어떤 곳인지 구체적으로는 말씀하시지 않았다. 하늘나라가 어떤 곳인가 알고 싶은 마음이 있지만 막연할 뿐이다. 그런데 성경의 몇몇 곳에서 단편적으로 보여 준 부분이 있어 천국의 일단을 짐작할 수 있다.

누가복음(16:19~31)에 홍포 입은 부자와 거지 나사로의 말씀이 있다. 하늘나라의 한 장면이다. 홍포 입은 부자와 거지 나사로는 천국과 지옥에 있지만 서로 얼굴을 알아보고 이생의 이야기를 나눈다. 천국에서는 이생에서 고락을 함께 나눈 부모형제나 친지들과 악연의 사람들을 서로 알아보고 이생의 일들을 이야기 할 수 있는 곳임을 알 수 있다. 이것 하나만으로도 천국에 대한 기대와 감동이 크게 온다.

마태복음(22:23~30)에 보면 사두개인들이 예수님께 나와 여러 번 결혼한 여자가 하늘나라에 가면 누구의 아내가 되느냐고 질문한다. 예수님의 대답은 "부활 때에는 장가도 아니 가고 시집도 아니 가고 하늘의 천사와 같다"고 말씀하셨다. 천국에서는 결혼이 없는 곳임을 알게 된다. 천국은 이생과는 차원이 다른 곳임을 짐작할 수 있다.

한계시요록(21:1~5)에 보면 천국은 1. 하나님의 임재가 충만한 곳 2. 불의와 고통이 없는 곳 3. 하나님의 영광이 가득한 곳(태양이 필요 없는 곳)이라고 했다. 천국은 우리가 소망하는 것들이 모두 이루어진 곳이다. 최선의 완전한 곳임을 짐작한다.

고린도후서(12:1~4)에서 바울 사도는 천국을 경험했다. 놀라운 은혜다. 그런데 바울 사도의 말씀은 '그 곳은 말로는 표현할 수 없는 곳'이라고 했고 '말로 표현하면 오해가 될 것이 염려되어 말하지 않겠다'고 했다. 천국에 대한 기대와 소망이 더 커지며 바울 사도가 본 천국에 대해서 한두 말씀만이라도 해 주었으면 얼마나 좋을까 아쉬움이 남는다.

천국이 어떤 곳인지에 대해서는 예수님께서도 성경에서도 바울도 자세히 설명하지 않았다.

궁금하지만 단편적인 것만 짐작하고 더 자세한 것은 하늘나라에 가서 직접 경험하는 길밖에 없다며 아쉬움을 달랜다.

(2014.『기독교수필』 34호)

죽음과 천국신앙

보통 일상생활에서 사람들은 죽음이라는 말이 화제에 오르는 것을 싫어한다. 그 이유는 죽음에 대해서 아는 것이 없고 그 죽음이라는 언어가 부정적 감정을 일으키기 때문이다 그런데 그 죽음은 누구도 피할 수 없고, 곧 만나게 되는 것으로 외면만 할 수도 없는 대상이다

그런 연유인지 최근에는 종교와 관계없이 죽음과 그 후에 대해서 관심을 가지는 사람이 많아지고 죽음을 어떻게 대하며, 극복해야 하는지를 연구하는 '죽음학'이라는 새로운 학문 분야도 생겼다. 대학에서 강의 과목이 되기도 했다

이러한 죽음학 연구 분야의 하나로 미국의 의사들은 '임사체험'을 연구하고 있는데 그 내용이 흥미롭다. 요즘은 심폐 소생술이 발달해서 죽은 사람을 다시 살려낸다. 이렇게 다시 산

사람이 미국에서는 1년에 수만 명이 되는데 이렇게 죽었다가 다시 산 사람들이 죽었을 동안의 체험을 임사체험이라고 한다. 그런데 그 임사체험에는 공통점이 있다고 한다.

첫째 자기 시체를 떨어져서 보고 사람들의 말을 들으며 그리고 자신은 공간의 장애물을 초월해서 움직일 수 있다 그리고 긴 터널을 통과해 어딘가로 가는데 터널 끝에 오면 빛의 세계와 암흑의 세계를 만난다는 것이다. 이러한 경험을 공통적으로 한다는 것이 신기하지만 이것이 사람의 영혼이 있다는 것인지 아니면 '꿈' 같은 정신 작용인지는 아직은 규명하지 못하고 있다

우리나라에서도 2005년 한국죽음학회(회장 최창섭)가 창설 되었고 '웰 다잉' 같은 강연 제목으로 강연을 하고 있다 유서작성, 비문, 연명의료 의향서, 품위 있는 죽음, 임사체험 같은 문제들을 다루고 있다. 이렇게 세상 사람들이 종교와 관계없이 죽음과 사후세계에 대해서 관심을 가지고 다양하게 연구하는 시대가 되었다. 하지만 이러한 학구적 연구를 통해서 사람이 죽음에 대한 원초적 두려움을 해결하고 사후세계를 알 수 있을까? 사람들은 기대를 하지만 그것은 불가능할 것이다. 불가능할 수밖에 없다. 왜냐하면 이 문제는 일반 학문과는 차원이 다른 것이기 때문이다. 죽음과 사후세계는 과학으로 설명할 수 없는 영적 세계다. 학문이 아니고 믿음이며 종교의 분야다. 죽음과 사후세계는 종교와 신앙으로만 해결할 수 있다

그런 뜻에서 그리스도인이 죽음과 내세를 대하는 자세는 일반 사람들과는 차원이 다르다. 영적인 것이며 신앙이다 신자들은 죽음을 경험하지 못했고 천국을 다녀오지도 않았다. 그러나 죽음은 천국으로 가는 문이며 죽음을 지나 천국이 있음을 믿는다. 이것은 인간적인 노력으로 되지 않는다. 성령님의 역사하심으로 가능한 것이다. 영적인 은혜로 믿게 된다.

이러한 생각을 하면서 그리스도인은 죽음을 어떻게 대하며 어떤 천국신앙을 갖고 있는지 밝혀 보는 것도 의미 있는 일이라 생각되어 그 내용을 요약해 본다

1. 죽음은 끝이 아니고 새로운 시작임을 믿는다.

고린도후서 5장 1절 '만일 땅에 있는 우리의 장막 집이 무너지면 하나님께서 지으신 집, 곧 손으로 지은 것이 아니요 하늘에 있는 영원한 집이 우리에게 있는 줄 아느니라'는 말씀을 믿는다. 이 믿음을 가질 때 죽음을 부정적인 것이 아닌 긍정적으로 대할 수 있다. 이러한 믿음을 가지므로 죽음은 절망이 아닌 새로운 삶으로 이어지는 과정으로 희망의 문이 된다.

미국에서 유명한 암 전문 의사로 활동하던 이진수 박사의 말이다. 대체로 미국 사람들은 암 판정을 받으면 이상할 정도로 태연하다고 한다. 이제 천국에 가는구나 하는 모습으로 태연하며 그 때부터 자기의 삶을 침착하게 정리한다고 한다. 죽음은 끝이 아니고 더 좋은 하늘나라에 가는 새로운 시작이라

고 생각하기 때문이다. 그런데 신앙심이 없는 한국 사람들은 암 판정을 받게 되면 그 삶이 완전히 흐트러지며 좌절하는 삶이 된다. 절망하는 비참한 모습이 된다고 한다. 이것은 이진수 박사의 의료 경험담을 말한 것이지만 이의 중심 뜻은 국적이 문제가 아니고 신자와 불신자의 생사관의 차이를 쉽게 설명한 것이다 죽음은 끝이 아니고 새로운 시작으로 보는 것, 그리스도인의 생사관이며 믿음이다

2. 이 세상을 허물어 버리고 새 하늘과 새 땅을 준비하심을 믿는다.

요한계시록 21장 1~2절 '또 내가 새 하늘과 새 땅을 보니 처음 하늘과 처음 땅이 없어졌고, 바다도 다시 있지 않더라 또 내가 보매 거룩한 성 새 예루살렘이 하나님께로부터 하늘에서 내려오니'라는 말씀을 믿는다. 우리가 사는 이 세상을 천국과 같이 만들어야 한다는 사람들이 있다. 그러나 그렇지 않다 하나님께서는 죄로 망가진 세상을 개축하지 않으시고 완전한 새 하늘과 새 땅을 준비하심을 믿는다. 그런데 새 하늘과 새 땅은 어떤 곳인가 지금은 자세히 알 수 없다. 단지 반모섬의 요한 사도에게 그 나라를 상징적으로 조금 보여주셨다. 요한계시록 21장 2~5절이다 그 말씀의 내용은 첫째 하나님의 임재가 충만한 곳, 둘째 불의와 고통이 없는 곳, 셋째 하나님의 영광이 가득한 곳이라고 했다. 우리가 소망하는 것들이 모

두 이루어진 곳이니 최선의 완전한 곳이라고 짐작한다. 하나님께서는 천국에 대해서 자세히 알려 주시지 않았다. 그만한 이유가 있을 것이다. 궁금하지만 참고 있다가 이다음 하늘나라 가서 보는 도리밖에 없을 것이다

3. 예수님의 십자가 대속의 은혜로 값없이 그 나라의 백성이 됨을 믿는다.

요한복음 3장 16절 '하나님이 세상을 이처럼 사랑하사 독생자를 주셨으니 이는 그를 믿는 자마다 멸망하지 않고 영생을 얻게 하려 하심이라'라고 했다 우리의 삶을 돌아볼 때 우리는 너무나 많은 죄 속에 살았음을 알게 된다. 우리 힘으로는 구원받을 수 없다. 누군가 우리를 사망에서 구원해야 한다. 그래서 우리를 구원하실 분을 하나님께서 보내 주셨다.

그 분이 2000년 전에 이 땅에 오신 하나님의 독생자 예수 그리스도이시다. 죄로 인한 파멸에서 우리를 구원하기 위해 십자가에서 희생 제물로 돌아가심으로써 우리의 죄 값을 치르셨다. 그리고 하나님의 자녀 하늘나라의 백성으로 삼으셨다. 이러한 은혜가 천국에서 완성된다. 그리스도인의 죽음에 대한 생각과 천국 신앙에 대해서 생각해 보았다

(2019. 『기독교수필』 29호)

지식과 믿음

히브리서 11장 6절의 '믿음이 없이는 하나님을 기쁘시게 하지 못하나니'라는 말씀이 있다. 이 말씀을 쉽게 표현하면 하나님은 우리의 믿음을 기뻐하신다는 것이다. 성경에서 믿음은 복음을 믿는 것을 의미한다. 그 복음의 내용에 대해서 먼저 간략하게 요약해 본다.

인간은 하나님을 배반했고 범죄 가운데 타락했다. 그래서 하나님께서는 인류를 심판할 수밖에 없다. 이것이 하나님의 공의다. 그런데 한편으로는 사랑의 하나님께서는 인류를 차마 심판하실 수 없었다. 하나님의 사랑 때문이다. 하나님의 공의를 지키려면 사랑을 이룰 수 없고, 사랑을 이루려면 공의가 무너진다. 그래서 하나님은 공의를 살리고 하나님의 사랑을 이루는 길을 찾으신 것이다. 이 길이 바로 자신의 아들 예수 그리스도를 이 세상에 보내셔서 인류의 죄 값으로 십자가의 고난을 당하게 하신 것이다. 파멸 당할 인류의 죄를 대신해서 죄 없으신 그리스도에게 죄 값의 희생을 당하게 하셨다. 그리고 그 공노로 죄로 인해 파멸될 인간에게 구원의 길을 열어 주셨다. 인간 편에서 보면 너무나 큰 은혜다. 그래서 복음이라고 한다.

그런데 이러한 내용을 아는 것과 믿는 것은 전혀 다르다. 아는 것만으로는 무의미하고 그 은혜를 믿어야 구원을 이룰 수 있다. 이 믿음을 하나님이 기뻐하신다. 그래서 이 믿음을 가질 때 하나님께서 무한한 은혜를 부어 주신다. 인간 편에서는 성령님의 역사하심과 하나님의 인도하심을 체험할 수 있고 용서함 받고 하나님의 자녀가 되는 것을 경험한다.

하나님 나라 백성으로서의 축복을 받을 수 있고 구원을 이루게 된다. 믿을 때 받는 은혜다. 구원의 조건이 도덕적인 행위로 말미암는다면 얼마나 어려울까. 타락한 인간은 누구도 구원받을 수 없을 것이다. 그런데 '믿음'이 유일한 조건이니 얼마나 쉬운 것인가. 생각하면 놀라운 일이다. 성경에는 믿는 자의 축복을 거듭거듭 강조하고 있다. 믿으면 용서받고, 믿으면 하나님의 자녀가 되고, 믿으면 거듭나고, 믿으면 하늘나라를 볼 수 있고, 믿으면 성령을 받고, 하는 말씀이 수없이 기록되어 있다. 이것은 하나님께서 믿는 자를 찾으시고 기뻐하시고 그에게 모든 은혜를 다 부어 주신다는 의미일 것이다.

이러한 내용은 로마서나 갈라디아서 같은 신약성서는 물론이고 구약성서 전체에도 가득히 흐르고 있다. 쉽게 구원 받는 길을 누구에게나 열어 주셨다. 이것이 하나님께서 우리에게 주신 가장 큰 축복이다. 그런데 이렇게 쉬운 것인데 사람들이 믿지를 못하는 것이 문제다. 지식적으로는 너무나 잘 알지만 믿지 않는 사람이 많다. 믿는다고 하지만 온전히 믿지를 못하고 긴가민가 희미한 상태일 때도 많다. 복음을 지식적으로 아는 것과 믿는 것은 전혀 다르다. 지식적으로 아는 것은 인격적인 영적인 어떤 변화도 가져올 수 없다. 믿을 때 비로소 영적인 인격적인 변화를 얻을 수 있다. 복음을 지식적으로 안다고 하나님의 은혜가 임하지 않는다. 믿을 때 하나님은 기뻐하시고 무한한 은혜를 부어 주신다.

이것이 가장 극명하게 드러나는 때가 있다. 임종할 때다.

얼마 전 중환자실에서 임종하시는 분들에게 전도를 하는 호스피스 봉사자의 간증을 들었다. 일생 교회의 장로나 집사로 봉사한 모범적인 교인 중에도 임종시 믿음이 없어 호스피스인 자신의 손을 잡고 "나는 어떻게 해요!"하며 두려워하는 모습을 보고 당황스러울 때도 간혹 있다고 한다. 그럴 때는 부랴부랴 초신자 대하듯 복음을 다시 설명하면 그때 비로소 믿음을 갖고 편안하게 임종하는 것을 본다는 간증을 들었다. 이런 분은 지식으로만 알고 지식만을 전했지 정작 자신은 믿지를 못하는 사람이었다. 아는 것과 믿음은 이렇게 다르다. 성경을 아무리 잘 알아도 믿지를 못하면 무의미하다. 아는 것만으로는 아무것도 얻지 못한다.

그리스도인에게 믿음은 가장 소중한 내용이다. 그리고 이 믿음은 하나님의 은혜로 갖게 되지만 인간 편에서는 그 나름의 정성과 성심을 다해야 한다. 정성껏 성서를 읽고 간절한 심정으로 기도를 하며 올바른 생활과 성령의 도우심을 사모하는 삶을 살아야 한다. 이러할 때 하나님의 은혜를 받을 수 있고 하나님의 음성을 듣고 하나님의 임재하심을 체험할 수 있다고 믿는다. 그리고 이러한 체험을 통해서 하나님이 기뻐하시는 믿음을 갖게 되고 온전한 구원을 이룬다고 생각한다.

(2019.『기독교수필』 29호)

그리스도인과 포상(褒賞)

상을 받는 것은 누구에게나 흐뭇하고 영광스러운 일이다.

우리는 이런저런 수상식장에서 수상자들이 기뻐하고 감격하며 눈물을 흘리는 광경을 흔히 본다. 이런 수상식장의 분위기는 어린이로부터 젊은이, 연로하신 어른들에 이르기까지 모두 비슷하다. 상은 남보다 뛰어난 공적을 인정하고 모두에게 귀감을 삼으라는 뜻이 있다. 그래서 수상자에게는 큰 영광이며 기쁨이다.

그리고 상을 주는 단체는 그 분야에 공헌한 사람을 추켜세움으로 다른 사람들에게 열심히 하라는 무언의 격려를 전하며 그 분야의 발전을 이끄는 계기로 삼는다. 상의 이러한 의미와 효과는 나무랄 것이 없다. 그러나 작금에는 이러한 좋은 취지와는 많이 어긋나게 된 것이 현실이다. 많은 사람들이 수고

없이 무슨 수를 써서라도 명예(포상)를 얻으려고 하며 이를 위해 로비를 하는 일까지도 흔하게 되었다.

명함에는 몇 개의 시상 경력이 있어야 명사 행세를 할 수 있는 것이 현실이다. 이러한 세태 때문인지 오늘 우리 주변에는 여러 분야에서 상이 많아지고 있다. T.V나 영화계의 화려한 상들을 위시해서 체육, 예술, 문학 등 여러 분야에서 많은 상이 남발되고 있다. 이름도 너무 많아 헤아리기도 어려운 것이 현실이다. 시상제도에 대한 이러한 사회의 분위기 때문인지 오늘의 기독교 단체나 교회 내에서도 많은 시상제도가 생겨났다. 교단에서 시행되는 각 분야의 공로상을 비롯해서, 교회 내에서 전도상, 성가경연상, 암송상, 출석상 등 헤아릴 수 없는 많은 상들이 교인들에게 수상된다. 사회의 포상 문화가 교회에도 그대로 적용되는 듯하다. 그런데 전지전능하신 하나님을 믿고 겸손과 참회의 삶을 사는 그리스도인들의 모임에서도 그러한 포상제도가 있어야 할까. 교회는 일반사회와는 차원이 달라야 한다는 생각에서 그리스도인의 포상에 대해 생각해 본다.

1. 그리스도인이 상을 받는 것은 옳은 것인가.

신앙인은 자신이 죄인으로 하나님의 영광을 위해 최선을 다하고도 늘 부족을 느끼고 회개하는 사람들이다. 이런 성숙한 신앙인에게 상은 영광과 기쁨이기보다는 당황스러운 일일 것이다. 우리는 시상식장에서 머리가 희어진 연로하신 어른이 상을 받고 기쁨의 눈물을 훔치는 모습을 가끔 본다. 초등학교 어린이들이라면 이해할 수 있겠지만, 성숙한 그리스도인이 그러하다면 너무 낮은 수준이 아닐까. 죽을 수밖에 없는 죄인으로 하나님의 영광을 위해 모든 것을 바치고도 늘 부족을 안타까워하는 사람이라면, 상을 받고 축하를 받으며 기뻐할 수 있을까.

성숙한 그리스도인이라면 상은 황당한 것이지 결코 기쁨일 수 없을 것이다. 그리스도인은 세상 사람들과 같을 수 없다는 생각을 한다.

2. 상은 언제 받을 수 있을까.

사람은 약한 존재이다. 그래서 신앙생활도 곡선을 그리며 전진한다. 때에 따라 환경에 따라 높아지기도 하고 속화되기도 하는 것이 사실이다. 훌륭한 그리스도인이고 많은 감화를 끼치는 분이지만, 어느 순간 타락하고 비 신앙적으로 변하는 사람들을 우리는 많이 본다. 사람의 평가는 엄밀한 의미에서 한다면 관에 들어가는 순간까지 기다려야 할 것이다. 그가 죽는 순간에 비로소 할 수 있는 것이다.

우리의 삶은 장거리 경주와 같다. 마라톤 선수가 도중에서 앞서간다고 상을 받는 것은 웃기는 일 아닌가. 그리스도인들은 하나님의 최후 심판을 믿고 최후의 상(평가)만을 사모하며 진실과 겸손으로 오늘을 산다. 그러한 그리스도인에게 이 땅에서의 상은 아무런 의미가 없다. 이런 점에서 세상 사람들과 다르다는 것을 말하고 싶다.

3. 신앙인의 상은 누가 주는 것일까.

상은 누가 누구에게 주느냐가 중요하다. 그리스도인들은 하나님이 우리의 삶을 주관하시며 평가하시고 심판하심을 믿고 산다. 그래서 하나님 외의 다른 누구의 평가에는 관심이 없다. 오직 하나님이 인정하시고 하나님이 주시는 상만을 바라보고 산다. 그런데 요즘의 교회에서는 서로서로 상을 수여하며 박수 치며 축하하는 분위기를 흔히 보게 되는데 이러한 현실은 몸은 어른인데 신앙 수준은 어린이 단계라고 할 것이다. 그리스도인은 양심과 진실에 충실하며 오직 하나님만을 섬기며 사는 사람들이다. 사람들이 주는 상에 연연하지 않는다. 아니 그리스도인에게 이 땅에서의 상은 필요 없다는 것을 감히 말하고 싶다.

하나님이 주신 것

우리들은 누구나 빈손으로 세상에 왔지만 하나님께서는 우리를 위해 많은 것을 준비해 주셨습니다. 우리가 받은 것은 너무나 많습니다. 세상에 온 첫날부터 사랑하는 가족의 보호를 받았고 불편함이 없는 의, 식, 주를 누렸습니다. 그리고 바다, 강, 산천초목 같은 대자연들의 좋은 환경 속에서 살았습니다. 하나님께서 공기, 물, 햇볕 같은 생존에 필요한 것은 무한대로 풍성히 주셨습니다. 우리가 빈손으로 세상에 온 것은 분명하지만 우리가 받고 향유하는 것은 정말 많습니다. 이 모든 것은 우연히 된 것이 아닙니다. 하나님이 주신 것이라고 믿습니다.

인생은 빈손으로 왔다가 빈손으로 간다는 표현보다는 '빈손으로 왔지만 많은 것을 받고 간다'라고 해야 옳을 것입니다.

이런 것을 깨달을 수 있으면 우리는 언제나 감사한 삶을 살 수 있고 행복할 수 있습니다. 그런데 감사하며 행복하게 사는 사람은 많지 않습니다.

대부분의 사람들은 이렇게 받고 누리는 이 귀한 것들을 당연한 것으로 생각하고 그 은혜를 의식하지 못하고 삽니다. 엄청나게 귀한 것을 거저 누리고 있다는 것을 잊고 있습니다. 그리고 당장 자기가 원하는 한두 가지를 집중적으로 생각하며 하나님께서 왜 안주시나 하는 불만을 갖습니다. 많은 것을 받았지만 감사보다는 무엇인가를 더 구하며 삽니다. 그리고 그것이 없다고 불만으로 사는 때가 많습니다. 그러나 사람들은 불완전하여 잘못 구하는 것들이 많습니다. 자기는 모르지만 이기적인 것들과 욕심에서 나온 것들이 많습니다. 자격이 없는데 노력 없이 횡재를 구하는 때도 있습니다.

하나님께서 이런 것들을 다 이루어 줄 수는 없을 것입니다. 이렇게 구하는 것을 다 주면 교만함에 빠지고 타락할 것이 틀림없습니다. 그래서 하나님께서는 원하는 것을 모두 주지 않는다고 생각합니다. 기도하는 사람은 기도가 이루어지지 않을 때는 이루어지지 않는 것이 하나님의 응답이라고 믿어야 합니다. 더 나아가 하나님께서는 구하는 것을 안 주실 뿐 아니라 실패와 고난을 주기도 합니다. 사람들은 잘 되기를 기도하지만 기도의 응답이 아니라 시련과 고난을 만나는 때도 있다는 것입니다. 그래서 불만과 실의에 빠지기도 합니다. 그러나 살다 보면 뜻대로 안된 것들이 지나고 보면 더 필요했고 유익했다는 것을 경험하기도 하고 하나님의 섭리였음를 깨닫게 되는 경우도 있습니다. 우리는 기도의 응답이 없을 때나, 어려움이나 시련을 만날 때 불평에 앞서 하나님의 어떤 뜻이 있는가를 깊이 생각하고 하나님의 최선임을 믿어야 합니다.

바울 사도는 일생 독신으로 살면서 초인적인 활동을 하셨으며 기독교의 기초를 튼튼히 놓으신 분입니다. 그런 그분에게도 원치 않는 몸의 가시가 있었습니다. 그를 괴롭히는 신체적인 고질병이었다고 합니다. 그는 이 몸의 가시를 없애 달라고 여러 번 기도했습니다. 그러나 하나님께서는 그 기도를 들어주시지 않았습니다. 남의 병은 고쳐 주었지만 정작 자기의 병은 고칠 수 없었습니다. 바울 사도는 인간적으로 얼마나 답답하였겠습니까. 그러나 하나님께서는 바울에게 '내 은혜가 네게 족하도다. 이는 내 능력이 약한 데서 온전하여짐이라'(고후 12:9 전반)고 했습니다. 그 고통에 대한 의미를 알려 주셨습니다. 이것이 응답이었습니다.

바울 사도는 이를 깨닫고 오히려 감사하고 크게 기뻐한다고 했습니다. '그러므로 도리어 크게 기뻐함으로 나의 여러 약한 것들에 대하여 자랑하리니 이는 그리스도의 능력이 내게 머물게 하려 함이라'(고후 12:9 후반)하였습니다.

하나님의 최선을 신뢰하는 믿음입니다. 바울 사도의 큰 믿음을 실감합니다. 하나님께서 주신 것을 생각할 때 무엇과도 비교할 수 없는 정말 귀한 것이 있습니다. 이것만 얻으면 모든 것을 다 얻은 것과 같습니다. 그래서 '복음'이라고 합니다. 이 복음의 내용을 요약하면 하나님께서 당신의 독생자를 대속의 제물로 주시고 은혜로 우리에게 구원을 주신 일입니다. 타락한 인간은 자신이 지은 죄 때문에 하나님 앞에 나갈 수 없습니다. 그래서 하나님께서는 그의 독생자 예수 그리스도를 이 땅에 보내시고 인간이 저지른 모든 죄의 대가를 예수님께 집행하셨습니다. 희생 제물로 삼으셨습니다.

그리고 이 사실을 믿기만 하면 용서하시고 하나님의 자녀로 삼으신 것입니다. 구원의 조건이 도덕적인 행위로 말미암는다면 얼마나 어렵겠습니까. 아마 구원받을 사람은 없을 것입니다. 그런데 '믿기만 하면' 이 유일한 조건이니 얼마나 쉬운 것입니까. 구원의 조건으로는 너무나 쉬운 것입니다. 성경에 수없이 강조하는 말씀이 믿음입니다. 믿으면 용서받고, 믿으면 하나님의 자녀가 되고, 믿으면 거듭나고, 믿으면 성령을 받고, 하는 말씀이 수없이 강조되고 있습니다. 믿으면 모든 것이 해결되고 모든 것을 다 얻는 것입니다. 이렇게 쉽게 구원받을 길을 주셨습니다.

이것이 하나님께서 우리에게 주신 가장 큰 선물입니다. 너무나 큰 선물을 얻는 길이 너무나 쉬운 것이어서 믿지를 못하고 주저합니다. 하늘나라를 얻는 구원의 선물은 비교할 수 없는 큰 것이어서 이를 얻는다면 다른 모든 것은 받아도 좋고 안 받아도 괜찮습니다. 구원받은 사람은 불만이 있을 수 없습니다. 모든 것을 다 얻은 것과 같기 때문입니다. 구원을 은혜로 주신 하나님께 감사합니다. (2013.『기독교수필』)

빌립보서

빌립보는 A.D 52년 경 바울이 2차 전도여행 중 마케도니아 사람의 환상을 보고 복음을 전하기 위해 건너간 곳이다. 이곳에서 자주 장사인 루디아와 한 간수의 집안이 바울의 복음을 듣고 회개하였는데 이들의 가정이 빌립보교회의 모태가 되고 최초의 유럽교회로 발전한다.

빌립보교회는 대부분이 이방인 그리스도인으로 구성된 가난한 교회였지만 바울의 전도를 위해서 여러 번 금전적 도움을 주었고, 바울이 감옥에 있다는 소식을 듣고 또 헌금을 보냈다. 도움을 준 것은 너희밖에 없다고 바울이 쓴 것을 보면 많은 교회가 있었지만 유독 빌립보교회만이 물질적으로 바울을 지원한 것 같다. 빌립보교회는 여느 때도 가난한 예루살렘교회를 위해서 헌금을 보내는 자선을 실천하는 교회였다.

그래서 바울 사도는 빌립보교회에 특별한 고마움을 가지고 깊은 애정과 사랑으로 대했다.

바울 사도는 A.D 61년 경 로마 감옥에서 사랑하는 빌립보 교우들에게 인정이 어린 서신을 보냈는데 이것이 빌립보서다. 4장 104절로 되어 있는데 그 은혜로운 내용을 생각해 본다.

1. 빌립보서는 개인적 서신이다.

빌립보서는 갈라디아서와 비교된다. 갈라디아서는 공적 서신으로 엄격하고 단호하고 전투적이다. 기독교 진리를 세상에 선포하는 공문이며 복음을 세상 사람에게 알리는 공개장이다. 이에 비해 빌립보서는 인정과 사랑이 넘치는 사적인 서신이다. 자기의 필요한 것들을 정성껏 보내 준 사랑하는 빌립보 교우들에게 보내는 감사의 서신이다. 갈라디아서의 바울 사도는 자신을 사도라고 선언하는 당당한 분이지만 빌립보서의 바울 사도는 자기를 종이라고 말하는 부드러운 형님 같은 분이다. 사도는 권위를 드러내지만 종은 친밀함도 같이 나타낸다.

빌립보서는 바울 사도의 친밀한 감정을 정겹게 전하는 서신이다. '내가 예수 그리스도의 심장으로 너희 무리를 어떻게 사모하는지 하나님이 내 증인이시니라.'(빌1:8) '나의 사랑하고 사모하는 형제들 나의 기쁨이요 면류관인 사랑하는 자들아'(빌4:1)같은 표현은 다른 서신에서는 볼 수 없는 문구로 바울 사도의 특별한 심정을 드러낸 것이다.

보통 바울 사도를 강하고 엄격한 분, 두려운 분으로 생각하는데 빌립보서의 바울은 전혀 그렇지 않다. 빌립보서에서의 바울은 부드럽고 정이 많은 다정한 친구 같은 분이다. 그래서 빌립보서는 설득력이 있고 감동이 더 간다. 빌립보서는 바울 사도의 또 다른 면을 이해하고 호감을 갖게 하는 서신이다.

2. 빌립보서는 기쁨의 서신이다. 빌립보서의 별명이 기쁨의 서신이다.

바울 사도는 빌립보서를 로마 감옥에서 썼다. 미결수로서 사형을 받을지 무죄가 될지 모르는 불안한 상태였지만 그의 마음은 기쁨으로 가득했다. 다른 서신과 달리 빌립보서에는 기뻐한다는 말을 많이 썼다.

바울 사도는 빌립보교회를 생각하면 떠오르는 흐뭇한 일들이 있었을 것이다. 빌립보 감옥에서 실라와 함께 갇혀 있을 때 주님의 위로의 말씀을 들은 곳, 형제같이 교제하는 교우들이 있는 곳, 필요한 것을 보내 주는 고마운 곳, 이러한 일들이 떠오르며 바울 사도의 가슴에는 흐뭇함과 기쁨이 물밀듯 넘쳐난 것 같다. 그래서 사랑하는 빌립보 교인들에게 보내는 글을 쓰면서 자연히 복음 안에서 기뻐하자는 말을 강조하고 많이 쓰게 되었다고 생각한다. '기뻐한다'는 말을 15번이나 썼다. 기쁨으로 항상 간구한다(1:4), 너희도 기뻐하고 나와 함께 기뻐하라(2:18) 내가 기뻐하고 기뻐하리라(1:8), 형제들아 주

안에서 기뻐하라(3:1), 주 안에서 항상 기뻐하라 내가 다시 말하노니 기뻐하라(4:4), 거듭거듭 되풀이한다.

외부 환경은 고통스럽지만 그 마음 깊은 속에는 형용할 수 없는 기쁨이 가득했다. 성도간의 아름다운 교제에 기초한 복음 안에서의 기쁨, 하늘의 평화다. 빌립보서는 바울 사도의 이 기쁨을 전하는 서신이다. 이러한 기쁨은 바울뿐 아니라 그리스도인이라면 누구에게나 있어야 할 것이다.

우리 시대의 그리스도인에게도 복음 안에서의 이러한 기쁨과 평화가 있는가 생각해 본다.

3. 빌립보서는 화합의 서신이다.

빌립보교회는 유대인 그리스도인과 이방인 그리스도인이 함께하는 교회로 믿는 일에 개인적으로나 그룹 간에 개성적인 차이점이 있었던 듯하다. 그리고 이것은 자칫 분쟁으로 이어질 수도 있을 것이다.

바울은 사랑하는 빌립보교회에 이러한 분열의 위험이 있음을 알고 그 문제에 대한 권면의 말을 전한다. 너희가 일심으로 서서 한뜻으로 복음의 신앙을 위하여 협력하는 것과(1:27) 마음을 같이하여 같은 사랑을 가지고 뜻을 합하며 한마음을 품어(2:2)라고 했다. 내가 유오디아를 권하고 순두게를 권하노니 주 안에서 같은 마음을 품으라(4:2)고 했다.

내용을 요약하면 복음 안에서 사랑의 마음으로 협력하라는 것이다. 사랑의 마음으로 협력하는 것이 분열과 불화를 해결할 수 있는 길이라고 했다. 사람들은 생각과 개성이 다르다. 그래서 신앙의 스타일도 조금씩 다르다. 그 당시에도 신앙생활의 모습이 다른 사람들이 섞여 있었는데 이들을 향해 서로 비난하거나 대결하지 말고 사랑으로 협력해야 한다고 권고한다. 빌립보서에 많이 쓰인 '코이노니아'라는 단어는 성도간의 교제로 번역하지만 그 원 뜻은 '사랑의 협력'이라는 뜻이다.

바울 사도는 의식이나 교리의 일치를 권하지 않았다. 의식이나 교리가 일치했어도 사랑의 협력이 없다면 하나가 될 수 없을 것이다. 그러나 의식이나 교리가 일치하지 않더라도 복음 안에서 사랑의 협력이 있으면 하나가 될 수 있을 것이다. 사랑으로 협력하라는 이 말씀은 많은 교파로 분열된 오늘의 교계에 꼭 필요한 교훈이라고 생각한다.

4. 빌립보서는 그리스도의 겸손을 전하는 서신이다.

그리스도라는 단어가 특별히 많다. 그리스도, 예수 그리스도, 예수라는 표현을 43회 썼다. 이것은 이 편지를 쓸 때 그 마음이 예수 그리스도로 가득 차 있었고 그의 삶이 그리스도 안에서 살았고 활동했고 머물러 있었기 때문일 것이다.(2;6~8) 그는 빌립보 교우들을 향한 사랑하는 마음이 지극할수록 자신의 가장 소중한 보배, 자기 마음속을 가득 채우고 있는 그리스도를 온전하게 소개하려는 마음이 컸을 것이다. 사랑하는 빌립보 교우들이 겸손하여 하나님의 은혜를 누리기를 바라는 마음에서 그리스도의 겸손을 배우라는 뜻으로 쓴 글인데 인류가 그리스도를 이해할 수 있는 명문이 되었다. 그 명문은 빌립보서 2장 6~11절의 말씀이다. 성서 중에서 그리스도의 정체성을 가장 분명하게 표현한 말씀이고 많이 인용되는 말씀이다. 본문을 본다.

'그는 근본 하나님의 본체시나 하나님과 동등됨을 취할 것으로 여기지 아니하시고 오히려 자기를 비워 종의 형체를 가지사 사람들과 같이 되셨고 사람의 모양으로 나타나사 자기를 낮추시고 죽기까지 복종하셨으니 곧 십자가에 죽으심이라 이러므로 하나님이 그를 지극히 높여 모든 이름 위에 뛰어난 이름을 주사 하늘에 있는 자들과 땅에 있는 자들과 땅 아래에 있는 자들로 모두 무릎을 예수의 이름에 꿇게 하시고 모든 입으로 예수 그리스도를 주라 시인하여 하나님 아버지께 영광을 돌리게 하셨느니라'

그리스도의 겸손한 정체성을 더 이상 간단명료하게 표현할 수는 없을 것이다. 빌립보 교우들에게 그리스도의 겸손을 배워 겸손한 삶과 겸손한 신앙으로 구원을 온전히 이루라고 권면한 글이다. 우리 시대의 그리스도인이 받아야 할 귀한 말씀이라고 생각한다.

빌립보서의 첫 절과 끝 절을 다시 본다.

첫 절은(2절) '하나님 우리 아버지와 주 예수 그리스도로부터 은혜와 평강이 너희에게 있을 지어다'이고 끝 절은 '주 예수 그리스도의 은혜가 너희 심령에 있을 지어다'이다.

그리스도의 은혜를 기원하는 말로 시작하여 그리스도의 은혜를 기원하는 말로 끝난다. 빌립보서는 그리스도의 은혜를 전하는 서신이다. 바울 사도가 빌립보서를 통해 전하는 그 깊은 뜻을 우리들이 새롭게 읽어야 한다는 생각을 한다.

(2011.『기독교수필』 21호)

5부

겉옷과 가죽책

겉옷과 가죽책

바울 사도는 감옥에서 사랑하는 제자 디모데에게 유언과 같은 내용의 편지를 썼는데 이 글이 디모데후서다. 이 편지 끝부분에 '네가 올 때에 내가 드로아 가보의 집에 둔 겉옷을 가지고 오고 또 책은 특별히 가죽 종이에 쓴 것을 가져오라'(딤후 4:13)라는 부탁을 한다.

이런 사소한 내용을 하나님의 말씀인 성서에 포함하는 것이 이상하다고 말하는 사람이 있다. 그러나 당시의 상태를 알고 읽는다면 이 말은 바울 사도의 만년의 삶과 심정을 알 수 있는 의미 있는 말이다.

바울 사도가 로마에 처음 갔을 때 여러 사람들이 환영하고 그를 영접했다고 한다. 그 사람들 중에는 부자도 있고 귀족도 있었을 것이며 그들은 그의 전도를 적극적으로 협조하고 도왔을 것이다. 그래서 바울 사도는 전도에 전념할 수 있었을 것으로 짐작한다. 그러나 세월이 흘러 지금은 70세 고령으로 감옥에서 최후가 예감되는 절박한 때다. 그런데 그를 돕던 사람들이 지금은 보이지 않는다. '데마는 나를 버리고 데살로니가로 갔고 그레스게는 갈라디아로, 두기고는 에베소로, 디도는 달마디아로 갔고 누가만 나와 함께 있느니라'(딤후 4:10~11) '내가 처음 변명할 때에 나와 함께 한 자가 하나도 없고 다 나를 버렸으나 그들에게 허물을 돌리지 않기를 원하노라'(딤후 4:16) 라고 했다.

지금의 바울 사도는 그를 돕던 사람들이 떠난 고독한 죄수의 몸이다. 그리고 겨울을 앞두고 몸에 걸칠 겉옷 하나가 없었다. 꼭 필요한 겉옷 하나를 구하지 못해 바다 멀리에서 오는 제자에게 두고 온 겉옷을 가져오라는 부탁을 할 수밖에 없었다. 겉옷 하나뿐일까. 죄수로서 음식이며 잠자리며 생활환경은 또 얼마나 열악했을까.

기독교의 기초를 놓은 바울 사도의 고독하고 핍절한 만년의 삶을 생각하면 안타깝기만 하다. 그런데 바울 사도는 이러한 열악한 현실에 대해서 조금도 마음 쓰지 않는다. 하나님이 주신 은혜가 너무나 커서 의식주의 생활 문제는 안중에도 없다. 그리스도의 은혜와 하나님의 사랑을 전하는 일에 모든 것을 쏟는다. 섭섭해 하거나 괴로워하는 흔적은 찾아볼 수 없다. 그는 이미 하늘나라를 사는 사람이다. 고난의 현실을 개의치 않고 평상시대로 여유 있는 태도로 전할 말을 다 전한다.

이 땅에서의 마지막을 성실히 산다. '드로비모는 병들어서 밀레도에 두었다. 으불로와 부데와 리노와 글라우디아와 모든 형제가 다 네게 문안하느니라'(딤후 4:20~21)라는 말씀에서 그의 변함없는 자상한 심정을 엿볼 수 있다. 드로아에 남겨둔 겉옷을 가져오라는 이 말은 사소한 말이 아니다. 바울 사도의 만년에 당한 고난의 심각함을 전하는 의미 있는 말이다. 그 핍절한 고난 속에서도 변함없는 사도의 거룩한 삶, 그 위대함을 이해하는데 도움이 되는 귀한 말씀이다.

바울 사도는 겉옷과 함께 '또 책은 특별히 가죽 종이에 쓴 것을 가져오라'고 써 보냈다.

그는 나이 많은 죄수로서 언제 죽을지 모르는 현실이다. 그러나 두고 온 책을 찾아와서 다시 한 번 읽고 싶은 마음이 간절했다. 『가죽 종이에 쓴 책』은 당시 귀중한 책이다. 아마 모세의 글이거나 이사야의 글 같은 성서일 것이다. 죽음에 임박해서 그 글을 다시 한 번 읽고 좀 더 깊은 은혜에 잠기고 싶었던 그의 마음을 엿볼 수 있다.

죽을 때까지 은혜를 사모하는 그의 진지한 삶의 모습이 너무나 위대하고 감동적이다. 하나님의 빛에 접한 사람은 그 진리를 다시 더 깊이 캐고 든든히 다지는 노력을 기뻐하는 것 같다. 죽을 때까지 공부하는 노력을 게을리 하지 않는 바울 사도의 그러한 모습이 참으로 존경스럽다.

'가죽 종이에 쓴 책을 가져오라'는 이 말씀은 사소한 이야기 같지만 잘 생각하면 바울 사도 만년의 탐구심을 이해할 수 있는 귀한 말씀이다. (2016. 『기독교수필』 26호)

디도서의 교훈

디도서는 바울 사도가 그레데 섬의 목회자 디도에게 보낸 목회 지침서다. 바울은 로마 감옥에서 석방된 뒤 가진 4번째 전도여행 때 그레데 섬을 방문하여 짧은 기간 전도 활동을 한 후 동행하던 디도를 이곳의 목회자로 남겨두고 다른 전도지로 떠나게 된다.

디도라는 인물은 바울의 전도로 그리스도인이 된 헬라사람(갈 2:3)으로 바울이 신뢰하는 제자며, 젊은 동역자(고후 8:23)이기도 하다. 그는 전도 초기 '이방인에게도 구원이 있다'는 안디옥 교회의 신학적 문제로 바나바, 바울과 함께 예루살렘의 종교회의에 동행했고(행 15:1~2) 이방인에게도 구원이 있다는 총회 결의를 얻는 일에 참여했다.

그는 바울 대신 고린도교회를 방문하여 고린도교회 문제를 해결했고(고후 2:13,7:13,8:6~16) 예루살렘교회를 위한 모금활동을 성공적으로 수행하기도 했다. 디도는 초대 교회에서 바울의 협력자로 복음 전도자로 많은 역할을 한 신실한 인물이다. 그래서 바울 사도는 그를 참 아들이라고 부르며 아끼며 사랑하였고(디도 1:4) 디도는 바울 사도를 충심을 다해 따르며 섬겼다.

디도의 목회지 그레데 섬은 그리스 동남쪽 100km 지점에 위치한 지중해상의 큰 섬으로 동서 길이가 260km, 남북이 60km가 된다. 이 섬은 당시 로마제국의 통치하에서 유럽과 소아시아를 잇는 무역, 교통, 군사의 요충지였고 주민은 헬라인, 로마인, 유대인(디아스포라)들이 함께 거주하였다. 섬의 특성상 유동인구가 많고 항시 불안하며 어수선한 분위기였고, 이곳 사람들은 거짓말을 잘하는 성실치 못한 사람들이라는 평판을 듣고 있었다. 이러한 환경 가운데 개척한 그레데교회도 그 영향을 받아 안정되지 못하였고 교우 간에도 교리문제나 도덕적인 문제들로 다툼이 끊이지 않았다. 이러한 교회를 목회하는 디도에게 바울 사도는 애틋한 마음으로 목회지침들을 기록하여 전달했는데 이 서신이 신약성서 17번째 책인 디도서다.

본 서신은 이러한 환경 가운데 쓰인 것으로 서신의 내용은 당시의 현실을 감안해서 교인들의 도덕적 실천생활을 강조하고 있다. 장로 감독 집사의 자격과 소임에 대해서 말하고 교인들을 계층별로 나누어 늙은 남자(디도 2:1~2), 늙은 여자(디도

2:3~5), 젊은 남자(디도 2:6~8), 종(디도 2:9~10)들에게 각각 지켜야 할 올바른 생활을 자상하게 권면하고 있다. 그런데 본서를 자세히 보면 바울의 취지는 목회 방법(행정, 조직 같은)이나 도덕적 현실 생활이 전부가 아님을 알 수 있다.

그것은 부차적일 뿐 본 서신에는 기독교의 핵심교리 복음의 중요한 내용들을 거듭거듭 강조하고 있음을 발견할 수 있다. 3장으로 이루어진 짧은 지면이지만 본 서신에는 복음의 핵심 내용인 예정(디도1:1), 영생(디도 1:2), 구원(디도 2:11), 그리스도의 신성(디도 2:13), 재림(디도 2:13), 중생(디도 3:5), 칭의(디도 3:7) 등을 힘주어 강조하고 있다. 즉 교회의 본질, 하나님의 사랑과 예수 그리스도의 대속의 은혜를 먼저 분명히 깨닫게 한 것이다.

인간은 약한 존재다 도덕적인 생활을 알고 있지만 실천하는 것은 쉽지 않다. 특히 당시의 부도덕한 사회적 환경에서 살면서 더욱 어려웠을 것이다. 그래서 바울 사도는 도덕적인 삶을 가르치면서 그 실천의 원동력이 되는 복음진리를 우선해서 설명하며 강조한 것이다. 교회는 직분도 필요하며 도덕적 생활과 교회를 다스리는 능력도 중요하다. 그러나 이보다 더 우선되는 것은 교회의 머리 되신 그리스도와 그 분의 구원 사역을 믿는 믿음인 것이다. 이 믿음이 그리스도인으로서의 아름다운 도덕적 삶을 수행할 수 있게 하고 세상에서 하나님의 영광을 드러내는 능력을 갖게 하는 것이다. 올바른 목회는 바로 이 믿음의 기초 위에서 이루어질 수 있다는 사실을 '디도서'는 분명하게 전하고 있다.

오늘의 우리 시대의 교회 형편이나 현실은 어떠한가. 큰 성장을 이루었다고 자랑하지만 당시의 그레데교회 못지않은 교리적으로 도덕적으로 혼란스러운 현실임을 부정할 수 없다. 분열과 상호비방이 끊이지 않고 부도덕한 행태들로 하나님의 영광을 가로막고 있다. 오늘의 이러한 현실을 걱정하는 사람이 많으며 이를 타개하려는 방안들이 많이 나오고 있지만 이 현실을 해결하는 최선의 길은 디도서에서 찾을 수 있다고 생각한다.

먼저 복음, 먼저 믿음이다. 복음의 올바른 이해와 참된 믿음이 기초가 될 때 모든 문제들이 저절로 해결될 수 있다고 믿는다. 이 믿음 위에 설 때 삶이 변화되고, 하나님의 영광을 이룰 수 있을 것이다. 유의해서 읽어야 할 대목이다. 바울 사도께서 디도서를 통해 전하는 이 내용은 하나님께서 오늘 우리에게 주신 말씀임을 믿어 의심치 않는다.

(2017. 『기독교수필』 27호)

빌레몬서의 교훈

빌레몬서는 옥중에 있는 바울이 골로새교회의 교인인 빌레몬에게 보낸 편지인데 극히 사적인 서신이다. 빌레몬은 오래전 에베소에서 바울의 전도를 받고 그리스도인이 된 사람이다. 그는 많은 종을 거느린 부자로 골로새교회의 중심인물이기도 하다. 그런데 그의 종이였던 오네시모가 어떤 연유로 도망하여 로마 옥중에 있는 바울을 만난다. 당시 종들은 가축같은 존재로 주인 재산의 일부로 취급되었다. 그리고 도망친 종들은 가혹한 형벌을 면할 수 없다.

바울 사도에게 온 오네시모가 바로 이런 처지에 있었다. 그러나 바울은 오네시모를 큰 연민을 가지고 맞이하며 하나님의 복음을 전한다. 오네시모는 바울의 전도에 감화를 받고 한 사람의 신실한 신자로 거듭나서 바울의 사역을 돕는 일을 한다.

놀라운 변화다. 그런데 오네시모는 도망한 노예라는 그의 현재의 처지를 해결하지 않으면 정상적인 떳떳한 삶을 살 수 없다. 바울 사도는 그의 이 절박한 문제를 이해하고 이의 근본적인 해결을 위해 오네시모를 그의 옛 주인 빌레몬에게 보낸다. 당시 로마에서 골로새까지는 도보로 30일이 소요되는 먼거리다. 어려운 일이지만 옛 주인 빌레몬의 용서로 범법자의 누명을 벗고 그리스도인으로 떳떳하게 살기 위해서 힘든 일을 실행한다.

옛 주인 빌레몬은 바울의 전도를 받고 그리스도인이 된 바울의 제자이지만 스승의 권위로 강요하지는 않는다. 이 두 제자의 얽힌 관계를 원만히 해결하기 위해 예의를 갖추고 그가 할 수 있는 성의를 다한다. 제자들의 감정을 배려하는 바울 사도의 원만한 인품과 사랑의 심정을 볼 수 있다. 이때 오네시모는 진심 어린 바울 사도의 서신을 가지고 가는데 이 편지가 성서에 포함된 빌레몬서다. 빌레몬서는 1장 25절의 짧은 사적 서신이지만 성도간의 아름다운 관계를 볼 수 있는 소중한 글이다. 바울은 오네시모를 위해서 자신의 제자인 빌레몬에게 겸손한 자세로 자신의 심정을 전한다.

오네시모는 내가 옥중에서 낳은 아들과 같으니 그를 관대히 용서 해주기를 청하며 그를 대할 때 나를 대하듯이 대해 주기를 부탁한다. 그리고 11절에 '전에는 오네시모가 네게 무익하였으나 이제는 나와 네게 유익하므로'라고 했고 16절에 '이 후로는 종과 같이 대하지 아니하고 종 이상으로 사랑받는 형제로 두라'고 당부한다. 이어서 18절에는 '그가 만일 네게 불의를 하였거나 네게 빚진 것이 있으면 그것을 내 앞으로 계산하라'고 했다.

바울의 오네시모에 대한 사랑과 빌레몬이 억지가 아닌 기쁨으로 결단해 주기를 바라는 바울의 절절한 심정의 표현이다. 이러한 사적인 내용의 빌레몬서이지만 그 안에는 소중한 교훈이 담겨 있다.

1. 빌레몬서에서는 생명을 구하는 사랑의 실천을 볼 수 있다.

바울 사도는 인류 구원이나 하나님의 통치와 역사의 방향 같은 큰 과제를 만천하에 선포하는 대설교자요 대신학자다. 이러한 큰 인물은 사소한 일에는 관심과 시간을 쓰지 않는 것이 보통이다. 하지만 바울 사도는 그러하지 않았다. 비천한 자의 삶이라고 차별하지 않고 어느 중대한 일 못지않은 귀한 일로 삼고 성심을 다해 처리한다.

한 사람의 생명은 온 천하보다 귀하다는 믿음이며 사랑의 실천이다. 이는 보잘 것 없는 죄인이라도 생명을 바쳐 구원하시는 그리스도의 사랑의 정신일 것이다. 이러한 귀한 정신을 우리는 바울 사도의 빌레몬서에서 배울 수 있다.

2. 빌레몬서에서는 성도간의 아름다운 사랑과 신뢰 관계를

볼 수 있다.

사람들이 하나님은 믿고 의지하지만 사람을 믿고 신뢰하는 것은 쉽지 않은 것이 현실이다. 사람을 믿어서는 안 된다는 말을 흔히 듣는다. 그러나 빌레몬서의 바울은 아니다. 오네시모는 도망 온 비천한 노예지만 바울 사도는 그를 귀한 인격으로 존중한다. 그리고 그를 전적으로 신뢰한다. 노예라는 선입관으로 차별하고 무시하지 않는다. 정말 아름답고 흐뭇한 모습이다. 누구를 전적으로 믿고 신뢰하는 것은 쉬운 일이 아니다. 그리스도의 사랑을 체험한 자만이 할 수 있을 것이다.

바울 사도의 사랑과 신뢰를 받은 오네시모는 얼마나 큰 감동과 감사가 넘쳤을까 짐작이 된다. 그리고 자신감과 감사로 살았을 그의 생애를 상상해 본다. 사랑과 신뢰로 얽힌 성도간의 아름다운 관계, 빌레몬서가 전하고 있다.

(2018. 『기독교수필』 28호)

데살로니가서에 대해서

데살로니가서는 주전 52년경 바울이 데살로니가에 있는 그리스도인의 작은 무리에게 보낸 서신이다. 본서는 바울의 13개의 서신 중에서 제일 먼저 쓰인 것이며 신약 27권을 합쳐서도 제일 오래된 책이다. 본서를 통해서 초대교회 초창기 그리스도인의 신앙과 당시 바울이 열심히 전한 복음의 내용을 엿볼 수 있다. 어떤 일이든지 그 기원이 중요하다. 맑은 냇물은 그 기원에 청량한 샘물이 있듯이 데살로니가서는 기독교의 출발점인 기원 샘으로써 복음의 순수한 본래 모습을 보여 준다. 데살로니가서가 전한 내용의 일단을 살펴본다.

1. 사랑의 서신이다.

데살로니가서는 초대교회 초창기에 쓰인 글로 다른 서신에서 보는 교리문제나 이단사상에 대한 전투적 내용은 없다. 그리고 바울은 자신의 사도적 지위를 주장하며 그들을 대하지 않았다. 긴장감이 없는 편안한 분위기다. 나의 사랑하는 형제들이라 부르며 순수하고 따뜻한 사랑으로 복음을 진솔하게 설명한다. 함께 가는 성도로서 깊고 순수한 정이 넘친다.

교리문제나 세속적인 불편한 관계(유대인과 이방인사이)는 볼 수 없고 예수 그리스도를 통한 구원과 그 나라를 바라는 소망만 있다. 그 외의 문제에는 관심을 두지 않는다. 이렇게 최초의 그리스도인은 구원의 소망 안에서 사랑으로 하나 되었다. 이러한 아름다운 관계가 교회 본래의 모습이었다.

2. 재림의 서신이다.

데살로니가 교인들은 승천하신 그리스도의 재림을 고대하며 살았다. 이러한 그들의 재림신앙을 한마디로 말 한다면 '우상을 버리고 하나님께로 돌아와 참되신 하나님을 섬기며, 그의 아들이 하늘로부터 강림하심을 기다리라'(데살전 1:9~10요약)는 말씀으로 요약할 수 있다.

당시 우상을 버린다는 것은 이 세상에서의 영화를 기대하지 않으며 고난을 개의치 않는다는 것을 뜻한다. '너희가 하나님의 나라를 위하여 고난을 받느니라'(후서 1:5)고 했다. 이 땅에서의 고난을 당연시 하며 그 나라에 모든 소망을 두고 살았다. 여기서 그 나라는 그리스도의 재림으로 이루어지는 세상이다. 그리스도가 통치하는 완전한 세계다. 모든 좋은 것은 거기에 다 있다고 믿고 그 나라를 대망하고 살았다. 철저한 내세신앙(재림신앙)이었다. 이러한 재림신앙이 기독교 본래의 모습이었다.

3. 재림의 내용을 알려준 서신이다.

데살로니가서는 그리스도의 재림 내용을 전한다. 요한계시록과 견주어 바울 계시록 또는 소 계시록이라고도 부른다. 그러나 본서의 재림 내용은 요한계시록의 난해한 묵시와는 달리 쉽게 설명한다. 그 전하는 재림의 내용을 요약해 본다.

먼저 재림의 시기에 대해서 당시 그리스도인들은 주의 재림을 고대하는 중에 재림이 곧 있을 것이라는 조급한 마음으로 생활에 혼란을 보인 듯하다. 이를 바로잡기 위해 바울은 거듭 거듭 말한다. 그 때와 시기는 아무도 모른다. 그러니 동요하거나 마음이 흔들리지 말고 차분히 생활하라고 교훈하며, 재림만을 생각하며 현실생활을 소홀히 하는 일이 없어야 함을 강조한다. '그날과 그때는 아무도 모르나니 하늘의 천사들도, 아들도 모르고 오직 아버지만 아시느니라'(마태 24:36)는 예수님 말씀과 일치한다. 재림을 믿고 고대하는 그리스도인들에게는 그 때가 언제인가가 제일 큰 관심사였는데 본서에서 재림의 때와 시기는 아무도 모른다는 것을 분명히 했다.

다음으로 재림의 실현에 대해서. '주께서 호령과 천사장의 소리와 하나님의 나팔 소리로 친히 하늘로부터 강림하시리니 그리스도 안에서 죽은 자들이 먼저 일어나고 그 후에 우리 살아남은 자들도 그들과 함께 구름 속으로 끌어올려 공중에서 주를 영접하게 하시리니 그리하여 우리가 항상 주와 함께 있으리라'(데살전서 4:16~17)고 했다. 더 설명이 필요 없는 내용이다. 바울은 그리스도 재림의 현실을 이렇게 소상하게 전했고 초대 그리스도인들은 이를 그대로 믿었다.

말씀으로 천지를 창조하시고 역사를 주관하시는 하나님께서 뜻하신 대로 역사완성 우주완성을 이루실 것을 믿고 그 날을 소망하며 살았다. (2013. 『기독교수필』 23호)

갈라디아서와 자유정신

갈라디아는 로마 통치 지역의 행정 구역으로 이 지역에는 이고니온, 루스드라, 더베 같은 고대 도시들이 있었다. 바울 사도는 이 지역을 방문하며(1.2차) 복음을 전했다. 바울이 혼신을 다해 전한 복음은 인간의 구원은 율법의 준행에 있는 것이 아니고 예수 그리스도의 대속의 은혜를 믿음으로 이루어진다. 믿음만이 구원의 길이라는 것이다. 갈라디아 사람들은 그의 전도를 기쁨으로 받았고 이 복음에 기초해서 초대교회들이 세워졌다.

그러나 바울이 이 지역을 떠난 후 유대주의 기독자들이 나타나 구원은 믿음만으로 이룰 수 없고 율법을 지켜야 한다고 가르치며 바울의 사도직을 인정하지 않으려 했다. 이는 복음 자체를 부정하고 유대교로 후퇴하는 것이며, 그리스도의 십자가 희생을 헛되게 하는 중대한 문제였다. 바울이 개척한 교회의 기초를 송두리째 무너뜨리는 것이었다. 이 반 복음적 세력의 발호에 바울은 절박한 위기감을 느끼며 그 열정이 폭발하였다. 그리고 이에 격하게 대응한 것이 갈라디아서다. 그래서 갈라디아서는 전체적인 분위기가 도전적이고 강하고 단호한 문장으로 쓰였다. 갈라디아서의 내용을 생각해 본다. 갈라디아서는 6장으로 되어 있는데 내용을 3부로 나눌 수 있다.

1. 자유의 전도자, 자기소개다.(1,2장)

첫 장 첫 절에서 자기의 정체성을 밝힌다. '사람들에게서 난 것도 아니요, 사람으로 말미암은 것도 아니요 오직 예수 그리스도와 그를 죽은 자 가운데서 살리신 하나님 아버지로 말미암아 사도된 바울'(갈 1:1)이라고 자기를 소개한다. 이 말은 자신은 교회 제도에 의해 지명된 전도자가 아니며 하나님에게서 직접 임명받은 전도자다. 오직 하나님만 상대하며 그리스도가 주신 복음과 진리를 전하는 자다. 세상의 것에 매이지 않는 자유 전도자다. 라는 뜻이다.

이것은 자기소개지만 갈라디아서 전체의 소개이기도 하다. 바울은 이런 사람이며 갈라디아서는 이런 글이라는 뜻이다. 무엇에도 제약받지 않고 하나님께 직접 받은 복음을 전한다는 것, 이것은 기성 종교를 대하는 자유정신의 당당한 표현이다. 갈라디아서는 이러한 바울의 자유정신으로 쓰인 글이다.

2. 자유의 복음이다.(3,4장)

'또 하나님 앞에서 아무도 율법으로 말미암아 의롭게 되지 못할 것이 분명하니 이는 의인은 믿음으로 살리라 하였음이라'(갈 3:11)는 이 말씀은 바울이 전한 복음의 핵심이다.

모세의 율법은 사람을 의롭게 하고 구원을 줄 수 없다. 왜냐하면 타락한 인간은 율법을 지킬 능력이 없기 때문이다. 율법을 지키므로 의롭게 된 사람은 없다. 이러한 인간에게 하나님은 율법이 아닌 새로운 구원의 길을 준비해 주셨다고 했다.

오직 하나님의 은혜로 의롭게 되는 길을 열어 주셨는데 이는 예수 그리스도의 대속의 은혜를 믿음으로 용서함을 받고 하나님의 자녀가 될 수 있다는 것이다. 하나님은 인간에게 율법적인 심판자가 아니라 사랑의 아버지시다. 하나님은 주시고 우리는 받으면 된다. 율법으로 인한 심판의 두려움이 아니라 믿음으로 값없이 구원을 얻을 수 있다고 했다

이를 자유의 복음이라 하는데 율법의 심판에서 자유를 주셨다는 뜻이다. 갈라디아서는 율법에 대한 자유선언이며 자유의 복음을 선포한 글이다.

3. 자유의 삶이다.(5,6장)

율법에서의 자유라는 말은 방종이 아니라 선을 자유로 행할 수 있는 것을 뜻한다. 그러면 어떻게 이러한 능력을 가질 수 있을까.

'내가 이르노니 너희는 성령을 따라 행하라. 그리하면 육체의 욕심을 이루지 아니하리라'(갈 5:16) 고 하였다. 우리가 하나님의 은혜를 믿으면 하나님께서 그의 영을 부어 주시는데, 이 영의 도우심으로 우리는 선을 행할 수 있다. 이 성령의 역사로 우리가 악으로 발걸음을 돌리지 않고 자발적으로 선을 행할 수 있게 하신다. 율법의 억압에 매여 억지로 선을 행하는 것이 아니라 스스로 선을 행할 수 있는 능력을 갖게 하신다는 것이다. 악을 이김으로 영적인 사람이 되는 것이 아니라 영적인 사람이 됨으로 악을 이길 수 있다.

성령이 우리 속에서 역사하실 때 '사랑과 희락과 화평과 자비와 온유와 절제 같은 아름다운 덕'(갈 5:22~23)이 저절로 내게서 나타나게 되고 도덕적인 삶을 살 수 있다는 것이다. 이것이 그리스도께서 주신 자유의 삶이다. 이 은혜가 없다면 인간은 죄의 노예(율법에 매인)에서 헤어나지 못할 것이다.

'그리스도께서 우리를 자유롭게 하려고 자유를 주셨으니 그러므로 굳건하게 서서 다시는 종의 멍에를 메지 말라'(갈 5:1)는 말씀대로 율법의 종으로 살아서는 안 된다. 하나님이 주신 성령의 은혜를 받고 이 자유의 삶을 누려야 한다는 뜻이다. 이것이 참된 자유의 삶이다.

기독교의 도덕은 이런 것으로 세상 도덕과는 근본정신이 다르다는 것을 밝힌 것이다.

갈라디아서의 내용을 요약하면 '자유의 전도' '자유의 복음' '자유의 삶' 세 가지라고 할 수 있다. 갈라디아서는 인류에게 참 자유를 가르치고 있다. 갈라디아서가 있으므로 인류는 참 자유를 배우고 누릴 수 있다. 갈라디아서가 있으므로 인류는 자유를 잃지 않을 것이다. 16세기 종교 개혁자 루터는 갈라디아서의 자유에 기초해서 종교개혁을 이루었다. 루터뿐만 아니라 역사상 많은 개혁자들이 갈라디아서를 정신적 지주로 하여 위대한 업적을 이루었다.

바울 사도와 갈라디아서의 위대함을 실감한다.

데살로니가서가 전한 재림신앙

재림신앙은 부활 승천하신 예수 그리스도께서 다시 이 땅에 오셔서 인류를 심판하고 온전한 하나님 나라를 이루게 된다는 믿음이다. 이는 기독교 신앙의 중심 내용이라 할 수 있으며 이 신앙이 있어서 기독교는 많은 박해와 핍박을 극복하며 발전하여 왔다. 특별히 초대교회 지도자들은 모두 이 재림신앙을 열심히 전했고 초대교회 교인들은 이 재림신앙의 소망으로 충일했다. 그러면 재림신앙의 내용은 어떤 것인가 바울 사도가 전한 데살로니가서를 통해 살펴본다.

1. 재림은 어떤 현실로 실현될까.

그리스도 재림의 현실에 대해서 바울 사도가 전한 말씀에 '주께서 호령과 천사장의 소리와 하나님의 나팔 소리로 친히 하늘로부터 강림하시리니 그리스도 안에서 죽은 자들이 먼저 일어나고 그 후에 우리 살아남은 자들도 그들과 함께 구름 속으로 끌어올려 공중에서 주를 영접하게 하시리니 그리하여 우리가 항상 주와 함께 있으리라'(데살전 4:16~17)고 했다. 바울은 그리스도 재림의 초자연적인 현실을 이렇게 소상하게 전했다. 그리고 초대 그리스도인들은 이를 그대로 믿었다. 허황되다 그럴 수 있을까. 하지 않았다. 말씀으로 천지를 창조하시고 역사를 주관하시는 하나님을 믿었고 그분이 뜻하신 대로 역사완성 우주완성을 이루실 것을 대망하며 살았다.

2. 그러면 이 재림의 시기는 과연 언제인가.

재림을 믿는 그리스도인들은 그 때가 언제인가 궁금할 수밖에 없다. 당시 그리스도인들도 주의 재림을 고대하는 중에 재림이 곧 있을 것이라는 조급한 마음을 보인 듯하다. 하지만 바울은 이를 경계하며 거듭거듭 말한다. 그 때와 시기는 아무도 모른다. 그러니 주의 날(재림의 날)이 가까이 이르렀다고 마음이 흔들리거나 두려워하는 일이 있어서는 안 된다. 오직 오늘의 현실을 성실히 살아야 한다(데살후 2:2)는 것을 강하게 강조했다.

'그 날과 그 때는 아무도 모르나니 하늘의 천사들도, 아들도 모르고 오직 아버지만 아시느니라'(마태 24:36)는 예수님 말씀과 일치한다. 역사의 완성인 재림의 때를 이렇게 철저히 모르게 한 데는 창조주의 어떤 심오한 뜻이 있겠지만 피조물로서는 알 길이 없다. 하나님의 뜻이 최선임을 믿을 뿐이다. 당시 그리스도인들은 이러한 믿음으로 순종의 삶을 살았다.

3. 재림의 징조는 있을까.

재림의 시기는 누구도 모르지만 재림에 앞서 징조가 있다고 했다. '누가 어떻게 하여도 너희가 미혹되지 말라 먼저 배교하는 일이 있고 저 불법의 사람 곧 멸망의 아들이 나타나기 전에는 그날이 이르지 아니하리니'(데살후 2:3)라고 했다.

재림의 때는 복음이 온 인류에 전파되어 평화의 세계를 이룬 때가 아니고 그리스도인들이 복음 안에서 은혜로운 신앙생활을 할 때도 아니다. 재림의 때는 적 그리스도인들이 나타나서 신앙세계를 혼란하게 하고 많은 사람들이 미혹을 받아 배교하는 일이 만연할 때 임한다는 것이다.

이 내용은 그리스도께서도 말씀하셨다.

'그 때에 많은 사람이 실족하게 되어 서로 잡아주고 서로 미워하겠으며 거짓 선지자가 많이 일어나 많은 사람을 미혹하겠으며 불법이 성하므로 많은 사람의 사랑이 식어지리라. 그러나 끝까지 견디는 자는 구원을 얻으리라'(마태 24:10~13)고 했다. 새벽의 암흑이 극심한 것은 아침의 여명이 가까이 왔다는 뜻이다. 이와 같이 시대가 혼탁해 가는 것은 하나님의 완전한 세계가 가까이 오고 있다는 징조라는 것이다. 어느 시대의 환란이 그 때가 되는지 알 수 없지만 당시 데살로니가 교인들은 그 재림을 고대하며 살았다.

그리스도의 재림은 우주창조와 같이 초자연적 현실이다.

그래서 자기의 생각으로 재해석하는 여러 학설과 주장이 혼재하고 세상을 소란하게 하는 사건도 많았다. 그래서 그런지 오늘의 그리스도인들은 재림신앙에 대해서 말하기를 꺼리며 재림신앙을 소홀히 하는 경향이 있다. 그러나 그리스도의 재림은 우주창조에 버금가는 하나님의 우주완성 역사로 더욱 분명히 할 필요가 있다고 본다.

성경에서 전하는 단순하며 분명한 재림의 내용을 믿고 못 믿고는 각자의 문제이겠지만 말씀으로 천지를 창조하신 전지전능하신 하나님을 믿는 신자라면 못 믿을 이유가 있을까. 그리스도인이라면 기독교 신앙의 중심이며 능력인 재림신앙이 확실해야 한다고 생각한다. (2014.『기독교수필』 24호)

골로새서와 바울의 그리스도관

주후 62년경 바울은 옥중에서 골로새교회 설립자 에바브라를 만나 소식을 듣는다.

'세상의 거짓된 사상과 미신들이 교인을 미혹하고 복음을 혼란스럽게 하고 있다'는 소식을 들은 바울은 안타까운 심정으로 글을 써 보내는데 이것이 골로새서다. 교인들의 믿음을 굳건히 하기 위한 이 서신은 서두에 그리스도가 어떤 분임을 먼저 언급(골 1:15~20)한다. 이 부분은 바울의 그리스도관을 분명히 한 것이고 성서 중에서 그리스도의 정체성을 가장 확실히 전하는 말씀이다. 그 내용을 살펴본다.

1. 그는 만물의 창조주시다.(골 1:15~17)

그리스도는 하나님의 독생자로 창세전에 계셨으며 하나님과 함께 만물을 창조한 창조주 바로 그 분이시다. 여기서 창조물이라고 하는 것은 하늘과 땅에 있는 만물, 보이는 것과 보이지 않는 것, 세상 권세들이라고 구체적으로 표현했다. 모든 천체들, 지구상의 만물들, 영적인 존재들, 인간들이 누리는 권력들을 모두 포함한다는 뜻이다. 그리스도는 이 모든 것의 주인이요, 지배자요, 통치자라고 했다. 인간의 몸을 입고 오셔서 고난을 받으셨지만 그 분은 시간과 공간을 초월한 우주적인 분으로 만물의 주관자이시다. 장차 역사를 완성하실 분이다. 그리고 그를 믿는 그리스도인들은 그 분의 자녀로 우주적 존재며 하나님 나라의 시민이라고 했다. 그리스도인은 세상에서 가장 귀한 존재라는 뜻이다. 바울은 일찍이 부활하신 그리스도를 만났고 중생의 경험을 하며 그 분이 하나님의 아들 구세주이시며 만물의 통치자이심을 믿었다. 그리고 그 은혜와 체험 가운데 살면서 그 깨달음을 전한 것으로 생각된다.

2. 그는 교회의 머리시다.(골 1:18)

예수 그리스도께서 부활 승천하신 후 예수님을 따르던 제자들은 한 곳에 모여 말씀을 묵상하며 기도와 찬송을 드리고 가르침(설교)을 받았다. 이러한 모임을 '에클레시아'(교회로 번역)라고 했는데 교회의 출발이 되었다. 이러한 교회는 지역마다 생기고 복음을 세상에 전하는 기지가 되었다. 그리스도는 이러한 교회(그리스도인의 모임)의 주인이시다.

교회는 세상적으로 보면 사람들의 모임이지만 그 안에는 그리스도가 영으로 함께 하신다. 우주의 지존인 창조주 그리스도는 교회의 머리(주인)이시고 교회는 그의 뜻을 따라 활동하는 그의 몸이라고 했다. 창조 세계는 그리스도의 권능이 나타나는 곳이지만 교회는 그리스도 자신과 그의 은혜가 머무는 곳이다. 교회는 초라해 보이지만 그리스도의 뜻이 임하는 곳이며 창조주의 은혜와 영광이 가득한 하늘나라의 모형이다. 교회는 거룩한 곳이라는 뜻이다. 그래서 교회의 구성원인 그리스도인들은 그 몸(교회)의 지체로서 그의 뜻을 따르며 그와 함께하는 구별된 자로 서야 함을 전한다.

3. 그리스도는 구주시다.(골 1:20)

하나님께서 지으신 세계는 심히 좋은 것으로 조화와 평화가 있었다. 하지만 인간이 죄를 범함으로 하나님을 떠났고, 이로 인해 모든 피조물도 하나님과의 조화를 잃고 저주 아래 신음하게 되었다. 하나님과 온 우주가 불화하는 사태가 되는데 스스로는 해결할 길이 없다. 이러한 하나님과의 불화의 사태를 해결하기 위해 그리스도께서 이 땅에 오셨다.

우주의 창조자며 지배자인 그리스도가 인간들 죄의 형벌을 대신해서 십자가에서 희생 제물이 되셨다. 그가 대신 형벌을 받으심으로 죄 많은 인간이 용서받아 새 사람으로 하나님 앞에 설 수 있게 되었다. 그리스도께서 대속의 희생을 함으로 하나님과 인간 사이의 불화를 해결하였다. 더 나아가 그리스도의 구원은 인간 구원만이 아니라 하나님과 만물의 관계에까지 미친다. 저주 아래 있던 우주만물도 하나님과 화목하게 되었고, 혼돈된 우주가 아름다운 조화와 평화의 세계로 재창조되었다. 그리스도는 만물의 구원자이시며 우주역사의 완성자이심을 전한다.

우리를 구원하기 위해 이 땅에 오셔서 고난 받으시고 부활하신 예수 그리스도 우리의 주님은 평범한 분이 아니다. 창세 전에 계셨던 분으로 만물의 창조주시며 오늘 우리 교회의 주인으로 우리와 함께 하시며 장차 우주 역사를 완성하실 만물의 구원자이심을 바울 사도는 분명하게 전하고 있다.

(2012.『기독교수필』 22호)

성령에 대해서

기독교에서 하나님은 세 형태로 나타납니다. 성부 성자 성령이십니다. 각각 다른 모양과 다른 형태로 존재하지만 이 셋은 동시에 하나입니다. 오묘한 관계입니다.

마치 태양과 빛과 열기는 각각 다르지만 동시에 구별할 수 없는 하나인 것과 같습니다.(어거스틴) 이것을 신학에서는 삼위일체의 하나님이라고 합니다. 하나님은 세 가지 모습으로 역사하지만 동시에 이 셋은 하나라는 뜻입니다. 여기서는 이 삼위일체의 하나님 중 성령에 대해서 생각해 보겠습니다.

첫째, 구약시대에서는 성령을 하나님의 영 또는 하나님의 신이라 했는데, 그는 이미 창조 이전에 존재했으며 창조의 역사를 한 것으로 기록되어 있습니다.(창 1:2)

둘째, 구약시대의 성령은 개인에게 역사해서 영적 도덕적으로 하나님의 뜻을 이루는 사역을 했습니다. 특별히 예언자들의 도덕적 순수함과 영적 능력은 인류역사에서 놀라운 일로 모두 다 성령에 의해 이루어진 것입니다.

셋째, 구약시대 성령은 예언을 하게 했습니다. 역사의 진행과 인류 구원의 복음과 인류 종말에 대한 모든 예언이 성령의 인도로 이루어졌고 역사 속에서 실현되고 있습니다. 이것은 성령께서 역사를 주관한다는 뜻입니다. 구약시대 성령은 하나님과 동등으로 능력이 무한한 거룩하고 선한 분으로 그의 활동은 시대마다 이어져 왔습니다.

그런데 구약시대에서는 성령을 분명히 이해하는데 막연한 점이 있었습니다. 그러나 신약시대에 와서는 성령의 본질과 그 정체성에 대해서 분명하게 가르쳐 주고 있습니다. 신약성서에 기록된 성령에 대해 생각하며, 성령의 활발한 활동을 살펴봅니다.

예수님께서는(내가 떠난 후에 보내 줄) 보혜사 성령에 대해서 여러 번 말씀하셨습니다. 보혜사 성령은 영으로 우리 안에 거하시며(요 14:17) 말씀을 생각나게 하고(요 14:26) 죄를 깨닫게 하고(요 16:8) 진리와 구원의 길로 인도한다고 말씀하셨습니다.

사도행전에서는 성령은 성경을 깨닫게 하고(행 8:29) 일꾼을 부르시고 파송하며(행 13:2~4) 어떤 행동을 금지하며 우리 위해 기도한다고 했습니다. 또 성령은 인격적 속성을 가지고 있기 때문에 인격적 특성인 의지, 마음, 생각, 사랑을 갖고 있으며, 기뻐하고 슬퍼하며(엡 4:30) 훼방을 받기도 하며 노하며 떠나가기도 한다고 하였습니다.

이러한 성령에 대한 말씀들을 묵상할 때 성령은 영적이고 능력이 무한한 인격적인 분으로 우리 속에 계시며, 죄를 깨닫고 회개하며 구원받게 하시는 하나님과 동일하신 분이라는 성령의 정의를 이해할 수 있습니다. 예수는 부활하신 후 제자들을 향해서 이러한 '성령을 받으라'(요 20:21) 말씀하셨고, 이것은 오순절을 시작으로 이루어졌습니다. 그리고 이후 사도시대와 오늘까지 실현되고 역사하고 있습니다.

예수님이 승천하시고 제자들이 다락방에 모였을 때 예수님이 약속하신 성령이 강림했습니다.(행 2장) 이것은 말씀이 육신이 되어 예수가 탄생하신 것만큼이나 놀라운 일이었습니다. 급하고 강한 바람과 불이 혀같이 갈라지는 현상이 있었고 제자들은 모두 성령의 충만함을 받아 방언으로 말하기를 시작하였습니다.(행 2:9~11) 이 신기한 광경은 수많은 방문객들을 놀라게 했습니다.

베드로는 이것은 예언의 성취며 이 일은 나사렛 예수께서 십자가에 죽으심으로 인류 구원을 이룬 것을 증거하는 것이라고 설교했습니다. 그때에 많은 사람들이 회개하고 세례를 받고 사도들의 가르침에 따라 떡을 떼고 기도하기를 시작했는데, 이것이 성령의 역사로 이루어지는 신약시대 교회의 시작이 되었습니다. 이때 모인 사람들은 모두 성령의 충만함을 받고 한 마음이 되어 복음을 전파하였으며 이들이 가는 곳에는 이방인도 성령을 받고 방언을 하고 구원을 받게 되었습니다. 사도들과 믿는 자들을 통한 성령의 놀라운 능력은 가는 곳마다 일어났습니다.

사람들의 마음에 역사해서 복음을 믿고 변화하는 일 뿐 아니라, 온갖 기적도 함께 일어났습니다. 병자를 고치고 귀신을 쫓아내고 감옥의 사도들을 격려하고 구출하기도 하며 죽은 자를 살리는 기적도 함께 일어났습니다. 이러한 성령의 은혜 위에서 수많은 교회들이 세워졌습니다. 참으로 성령의 역사는 놀라움 그것이었습니다. 사도행전은 성령행전이라고 할 수 있을 것입니다. 이러한 성령의 역사로 초대교회 복음 전파는 요원의 불길과 같이 어두운 세상에 전파되었으며, 온갖 방해를 물리치고 퍼져갔습니다.

A.D 392년에 복음은 드디어 로마를 정복하고(로마의 국교로 공인됨) 하나님의 영광과 진리의 빛을 전 세계에 편만하게 했습니다. 그 이후 오늘까지 성령의 역사는 계속되어 만민에게 그리스도가 유일한 구주임을 믿게 하고 진리와 생명 길로 인류를 인도하고 있습니다. 이 모두는 오직 성령의 역사로 가능하였습니다.

성령의 감동 없이는 아무 것도 할 수 없는 것이 죄 중에 사는 인간입니다. 성령의 역사 없이는 복음을 이해할 수도 믿을 수도 없을 것입니다. 복음의 깨달음은 의지적으로 인간적인 노력으로 이루어질 수 없습니다. 성령의 역사와 도우심을 받아야 비로소 예수가 그리스도임을 믿을 수 있고 하나님의 영광과 은총을 깨닫고 삶의 변화를 받을 수 있습니다. 이것은 구약시대나 초대교회 시대나 오늘의 시대에서 동일합니다. 지금도 같은 성령이 우리 속에서 활동하십니다.

오늘 우리들이 매일매일 믿음의 삶을 사는 것도 성령이 우리 속에서 활동함으로 가능한 것입니다. 예수 그리스도가 나의 죄를 대속하신 것을 믿고 변화되는 것은 인간적으로 보면 기적과 같은 일입니다. 그러나 성령이 믿게 하므로 우리는 믿을 수 있는 것입니다. 믿으려고 해도 도저히 믿을 수 없다는 사람들이 있습니다. 인간적인 노력으로는 불가능할 것입니다. 성령님이 도와주시기를 기도해야 할 것입니다.

성부께서 하나님이시고, 예수 그리스도께서 하나님인 것처럼 성령도 하나님이십니다. 성령은 창조역사에 참여하였으며, 구약과 신약시대에 일관되게 역사하였고, 지금도 역사하십니다. 이 성령의 은혜로 오늘 우리는 예수 그리스도가 유일한 생명의 길임을 믿고 우리의 구원 완성을 이룹니다.

우리는 모두 노년의 삶을 살고 있습니다. 머지않아 주님 부르심에 직면할 것입니다 그러나 우리는 죽음과 사후의 천국을 경험하지 못했습니다. 그래서 믿기는 믿지만 불안한 것도 피할 수 없는 현실입니다. 이럴 때 우리는 성령님의 도우심을 의지해야 합니다.

우리는 부족하지만 성령님이 역사해 주심으로 십자가 대속의 은혜를 믿고, 온전한 구원을 이룰 수 있습니다. 우리가 세상을 떠나는 때에도 이 성령의 도우심을 받아 복음 안에서 기쁨으로 하나님 뵈옵고 하나님 앞에 설 수 있을 것입니다. 성령님께 감사하고 하나님께 영광을 돌립니다.

그리스도 안에서의 의미

옥중서신의 하나인 에베소서 첫 장 1절에서 14절까지 '그리스도 안에서'라는 말이 거듭 나온다.

그 내용을 요약하면 그리스도 안에서 신실한 자(1절), 그리스도 안에서 복(3절), 그리스도 안에서 택함(4절), 그리스도 안에서 은혜(6절), 그리스도 안에서 죄 사함(7절), 그리스도 안에서 예정(9절), 그리스도 안에서 하나됨(10절), 그리스도 안에서 기업(11절), 그리스도 안에서 인치심(13절)이다. 이렇게 '그리스도 안에서'라는 어휘가 9회에 걸쳐 쓰여 있고 이어지는 문장에서도 많이 사용되고 있다. 이는 바울이 전하는 복음의 내용이 이 말 속에 있기 때문일 것이다.

그 어휘에 담겨 있는 뜻을 생각해 본다.

인간은 죄를 지어 낙원에서 추방을 당해 하나님과 멀어졌다. 하나님의 피조물인 인간이 하나님을 떠나게 되니 그때부터 인간은 불행하게 되었다. 부모를 떠난 고아같이 평화와 기쁨을 잃었고 불안과 두려움으로 사는 불행한 존재로 전락했다. 하나님을 떠난 비참한 인간이 살 길은 오직 하나 고아가 부모의 품으로 가는 것같이 다시 창조주 하나님께 돌아가는 길 뿐이다.

인간이 잃었던 행복을 다시 찾기 위해서는 하나님의 품으로 돌아가 전과 같은 복된 관계를 다시 회복하지 않으면 안 된다. 이것을 본능적으로 아는 사람의 마음속에는 하나님을 찾으려는 소망이 있었으며 하나님을 찾으려는 노력을 항상 해왔다. 이러한 인간의 갈망은 종교를 만들기도 하고 하나님(진리)을 만나기 위해 수행과 고행이 행해지기도 했다.

그러나 인간의 노력으로는 하나님을 만날 수 없었다. 왜냐하면 하나님은 공의로우신 분으로 죄에 빠진 인간을 상대할 수 없으며 죄로 더러워진 인간도 직접 하나님 앞에 갈 수가 없기 때문이다. 하나님과 인간 사이에는 접근할 수 없는 죄의 장벽이 있다. 그래서 타락한 인간이 직접 하나님 앞에 가는 것은 불가능하다.

이럴 때 하나님께서 일방적으로 완전한 해결책을 마련하셨다. 하나님께서 자기의 독생자 예수 그리스도를 이 땅에 보내시고 그를 인간의 죄를 대신하는 희생 제물로 삼으셨다. 인간

죄의 대가(벌)를 그리스도에게 집행하셨다. 죄 없으신 그가 희생 제물이 되므로 인간의 죄의 문제를 해결하셨다. 인간의 죄를 다 대속하셨다. 그러면 인간의 죄를 속량하신 그리스도는 어떤 분인가. 하나님의 아들인 그리스도는 여자를 통해서 이 땅에 태어나셨다. 그래서 그리스도는 하나님과 사람의 양성을 갖추셨다. 하나님의 아들이시자 동시에 사람의 아들이시다. 그래서 그리스도는 하나님의 사랑을 받을 수 있었고 인간이 접근할 수 있었다.

하나님은 그리스도를 통해 인간을 만나시고 인간은 그리스도를 통해서 하나님께 나아갈 수 있게 되었다. 하나님은 독생자 그리스도를 통해서 인간을 용서하고 인간은 그리스도를 통해서 하나님을 두려워하지 않고 그 앞에서 그의 사랑을 받게 되었다. 거룩하신 하나님을 아버지라 부를 수 있게 되었다.

인간은 타락한 존재이므로 자신의 노력으로 하나님을 찾을 수 없고 중보자 예수 그리스도를 통해서만 하나님을 만나고 하나님의 사랑을 회복할 수 있다.

예수 그리스도의 대속을 믿을 때 용서함을 받고 새 사람으로 하나님의 자녀가 된다. 이를 믿으면 성령님의 역사하심과 하나님의 인도하심을 체험할 수 있다. '믿기만 하면'이 유일한 조건이다. 믿음만으로 구원을 받는다. 단순하고 쉽다. 그래서 복음이다. 이것이 성서가 전하는 기독교 복음의 내용이다

바울 사도가 즐겨 사용했던 '그리스도 안에서'라는 어휘는

이러한 기독교 복음의 중심 내용을 뜻하는 것이다. 이러한 의미를 생각하며 이 말씀을 읽으면 큰 은혜가 있을 것이라 생각한다.

'그리스도 안에서' 하나님과 인간 사이의 모든 축복이 있음을 감사한다.

(2010. 『기독교수필』 20호)

성지순례 소감

지난 가을 종교개혁 성지순례로 독일, 체코, 프랑스, 스위스를 순회하며 얀 후스, 마틴 루터, 존 칼뱅, 츠빙글리 같은 개혁자들의 활동 현장과 기념관들을 찾아보았다.

가는 곳마다 그 시대와 그분들의 삶과 믿음을 공부하는 기회가 되었으며 기독교와 우리의 현실에 대해서 많은 생각을 했다. 그 내용을 요약해 본다.

1. 평화시대의 기독교와 수난시대의 기독교를 비교했다.

초대 기독교는 생명력과 능력이 충만했다. 당시 로마의 혹독한 박해를 받으면서도 뜨거운 열정으로 복음을 전파했다. 많은 신도들의 순교와 희생이 있지만 굴하지 않고 사랑과 구원의 길을 세상에 제공하였다. 이러한 기독교의 힘은 325년

콘스탄티누스 황제에 의해 로마 국교가 됨으로써 결국 대로마를 굴복시키고 전 세계에 군림한다. 그리고 그 후 천 년을 기독교는 유럽 세계를 지배하며 부와 권력을 차지한다. 이렇게 큰 세력을 갖게 된 기독교는 더 큰 발전을 할 것으로 생각 되지만 그 반대로 기독교 본래의 생명력을 점차 잃어가며 타락의 길을 간 것이 기독교 역사다. 그래서 종교개혁이 필연적으로 일어날 수밖에 없는 시대가 된다. 왜 그렇게 되었을까 생각했다. 여러 가지 이유가 있겠지만 종교는 부와 권력을 누리면 교만하여 부패하기 쉽다. 이러한 것은 역사 속에서 항상 실증되고 있다.

우리나라의 기독교도 일제나 6·25의 위기 시대에 박해를 받았지만 그 생명력이 발휘되고 국민의 존경을 받았던 역사를 안다. 그러나 안일과 부를 누리는 오늘에 오히려 많은 문제들이 발생하고 있다. 사회의 존경보다 지탄의 대상이 되고 있다. 이것은 개인도 마찬가지다. 안일하고 부유한 현실은 신앙의 약화와 퇴보의 길로 갈 수 있다. 오늘 우리들의 현실이 이러한 것이 아닌가. 이러한 징후가 있지 않나 반성하고 특별히 긴장해야 한다는 생각을 했다.

2. 교회 부흥은 교인들의 열정적인 실천이 있어야 한다는 생각을 했다.

유럽의 개혁 교회들은 종교개혁을 통한 복음신학과 복음적인 훌륭한 교리를 갖고 있지만 교회는 텅텅 비어 있었다. 훌륭한 교회당이지만 그 교회는 관광객들의 관광물로 되어 사시사철 관광객들만 북적댄다. 교인은 극소수의 노인들만 있는데 일주일 중 한 번의 주일예배만 있다고 한다. 교회가 빈 창고같이 적막하고 교회답지 못했다. 종교개혁 발상지의 초라한 모습이 충격적이었다. 왜 그럴까 원인은 여러 가지 있을 것이겠지만 내가 생각한 것은 아무리 좋은 신학과 교리를 가졌어도 교인들의 열성적인 실천이 있어야 교회는 부흥한다는 생각을 했다.

세계가 놀라는 우리나라 교회의 발전은 새벽기도, 수요예배, 금요기도회, 각종 성경공부, 부흥회 같은 열성적인 실천이 있었기 때문에 가능했다고 생각한다. 유럽 개혁교회는 이런 것이 없었다. 그래서 교회가 생기가 없고 무력하다는 생각을 했다.

3. 루터나 칼뱅 같은 개혁자들의 개혁신앙과 개혁사상을 20대 초반에 완성한 것이 놀라웠다.

루터는 20세 때 엘볼트 대학을 우수한 성적으로 졸업하고 법과대학에 입학한 유망한 청년이었다. 그는 인간의 삶과 죄와 죽음과 구원의 문제에 대해서 심각한 고민을 한다. 이 문제를 해결하지 못하면 어떤 일을 해도 의미 없고 허망할 뿐이라고 생각했다. 그래서 장래가 보장된 출세 길을 포기하고 부모의 반대를 무릅쓰고 20세에 어거스틴 수도원에 들어간다. 수도원에서 성서와 기도의 생활에 전념한다. 성경은 주로 로마서, 갈라디아서, 시편을 읽으며 하루 3~4시간씩 기도를 하며 자기 구원의 길을 찾는데 매진한다. 그는 죄 문제를 고민하며 기도하는 중에 너무 두려워 졸도까지 했던 양심이 예민한 사람이었다. 그렇게 고투하는 가운데 믿음만으로 구원을 얻는다는 성서 말씀을 깊이 깨닫는다. 성령의 역사하심과 하나님의 인도하심을 체험하며 중생을 경험한다. 예수 그리스도가 우리 죄를 대신한 희생제물이 되심을 믿는다. 그리고 말씀과 성령님의 역사 가운데 영혼구원의 문제를 해결한다.

하나님의 사랑을 깨닫고 오직 믿음으로 구원을 얻는 복음을 붙잡고 거듭난 새 사람이 된다. 사람은 믿음만으로 구원받는다는 진리를 깨닫는다. 오직 성경, 오직 은혜, 오직 믿음, 오직 그리스도, 오직 하나님께 영광이라는 자신의 체험신학을 완성한다. 그의 나이 25세 때다. 그 후 이러한 신앙 내용을 시편, 갈라디아서, 로마서 강해 집회를 통해 교인과 일반인에게 열심히 전했는데 그 내용이 당시 가톨릭 교리에 위배된 것이라고 해서 파문을 당하고 일생 위협과 온갖 핍박을 받는다.

칼뱅은 루터보다 20년 후의 사람이다.

14세에 파리 신학대학에 입학하고 독서와 성서연구에 몰두한다. 23세 때 개인적으로 깊은 회심을 경험했다고 한다. 그리고 자신의 신학체계를 확립하는데 이것이 장로교 중심 교리가 된다. 그의 나이 23세 때다. 이때 확립한 교리는 하나님의 절대주권, 인간의 완전타락, 믿음만으로 구원, 만인 제사주의, 예정론, 모든 직업의 성직과 이 같은 교리인데 약관의 나이 때 완성되었다.

이 같은 내용을 27세 때 『기독교 개요』라는 책으로 출판했고 이 책이 장로교의 중심교리(하나님의 절대주권, 예정론, 성직론)로 장로교 신학의 기본서가 된다. 이 책은 상 중 하 3권으로 된 방대한 저술이다. 이런 신학사상을 20대 초반에 완성하고 27세에 거작으로 출판했다는 것이 놀랍기만 하다. 칼뱅의 신학사상은 미국을 개척한 청교도인 같은 경건한 신앙 생활인들을 나오게 하여 미국 건국의 기초를 튼튼히 하는 데 공헌한다.

20대에도 큰 사상이나 업적을 이룰 수 있다고 본다. 20대를 어린아이같이 보는 것은 잘못이며 20대 청년들도 노년을 앞서는 업적이 있을 수 있음을 인정해야 한다는 생각을 했다.

4. 종교 개혁자들은 종교개혁을 목표로 활동한 사람들이 아니었다.

종교 개혁자들은 냉철한 신학자라고 생각하기 쉬운데 그들은 신학자 이전에 영성이 풍부한 체험적인 신앙의 사람이었다. 예수 그리스도가 구주이심을 확실히 믿는 믿음의 사람이었다. 그래서 학자라기보다는 기도의 사람이다. 신학적 토론이 아니라 말씀을 그냥 믿는 사람이다. 신학보다는 성령의 지시를 받는 사람이다. 본래 그분들은 종교개혁을 하겠다는 야심 있는 전투적 사람이 아니었고 자기의 죄 문제를 해결하고 구원받아야 한다는 소망으로 열심히 성서를 읽으며 그 길을 찾으며 노력하는 사람이었다.

그리고 말씀 중에서 하나님의 음성을 듣고 구원의 길을 깨달은 사람이다. 중생의 체험을 하며 하늘의 기쁨을 맛본 사람이었다. 그리고 이러한 은혜를 전하는 사람이었다. 가톨릭의 잘못을 잘 알지만 그것은 하나님이 알아서 하실 것이라고 생각하며 자기가 깨달은 복음을 자기 교인들에게 전한 사람이었다. 그런데 당시 가톨릭이 자기 뜻에 맞지 않는다고 핍박을 가해왔고 이들은 수동적인 자세에서 자신의 소신을 굽히지 않은 사람이었다.

5. 가톨릭과 개혁교회의 협조

종교개혁 당시 종교전쟁(농민전쟁)까지 하여서 지금도 가톨릭과 개혁교회가 적대시하고 있을 줄 알았는데 전연 그렇지 않았다. 루터가 섬기던 교회 이름이 '성모교회'다. 교회 이름이 성모교회여서 루터가 섬기던 교회가 다시 가톨릭으로 넘어 간 줄 알았는데 그게 아니고 가톨릭에 적대시 않는 친선의 의미라고 한다. 가톨릭에서도 예수회라는 개혁단체를 두고 '가톨릭이 개혁하지 못하면 가톨릭은 망한다'는 기치를 들고 스스로 자기 개혁을 감행하는데 그 개혁내용이 개혁교회의 교리와 대부분 일치한다. 성서보급, 설교(성경공부)의 중요성, 소외자 구원 같은 것들이다.

종교개혁 본산지에서 가톨릭과 개혁교회는 형제처럼 잘 지내고 모든 일에 협조적이라는 설명을 듣고 놀라면서도 흐뭇했다. 앞으로 우리나라 교계에서도 신교 구교가 형제같이 잘 협조하면 좋겠다는 생각을 했다.

(2012. 6 『기독교수필』 문학회 모임에서)

6부

시(詩)

_ 새해의 기도
_ 그 날을 위한 기도
_ 나 때문에
_ 부활연습
_ 벽
_ 파도
_ 맞수
_ 가을처럼
_ 산
_ 하나되는 강물
_ 새 달력
_ 산길
_ 누구일까
_ 밤
_ 기도

새해의 기도

새해에는
바위처럼 살게 하소서
폭염과 혹한에 굴하지 않고
비바람 폭우에도 변함이 없는
늠름한 기상 갖게 하소서

새해에는
호수같이 살게 하소서
하늘과 구름을 가슴에 품고
욕심과 허영에 물들지 않는
고결한 성품이 되게 하소서

새해에는
촛불처럼 살게 하소서
암흑이 가득한 심야의 어둠 속에서
나를 버리는 작은 마음으로
한 뼘의 광명을 만들게 하소서

새해에는
나무처럼 살게 하소서
하늘 향해 힘차게 솟아오르며
사철을 인내한 알찬 열매로
풍성한 결실을 맺게 하소서

새해에는
요셉의 믿음 배우게 하소서
역경과 모함에 마음 쓰지 않고
앞만 보고 달려가는
용기의 삶 살게 하소서

그 날을 위한 기도

시간을 허송한 수험생처럼
허둥대는 모습 되지 않게 하시고
개선한 병사들처럼
늠름한 모습 갖게 하소서

여권을 잃은 여행객같이
황당한 몰골 되지 않게 하시고
합격자명단 앞에 선 사람처럼
안도의 심정이 되게 하소서

지난날을 후회하는 죄수들처럼
참담한 심정이 되지 않게 하시고
정상을 정복한 등산인처럼
환한 성취감 갖게 하소서

암흑의 절망이 아닌
광명의 세계를 찾게 하소서

나 때문에

나의 교만 때문에
누군가 상처를 받습니다
나의 욕심 때문에
누군가 손해를 당합니다
나의 독선 때문에
누군가 고통을 받습니다
나의 거짓 때문에
누군가 실족합니다

나 때문에
누군가 눈물 흘립니다

부활연습

1.

하루의 일과를 마치고
잠자리에 눕는다
무의식의 편안한 세계 너머
새 아침을 바라며
편안한 마음으로 눈을 감는다

언젠가
그 날에도
어두운 터널 너머
빛의 세계 믿으며
설레는 마음으로 누울 수 있을까

오늘도 그 날을 생각하며 연습한다

2.

밤 11시에 죽고
아침 6시에 부활하는 일을
매일 연습한다

한 달에 30
일 년에 365
십 년이면 3650회

진짜 죽고 진짜 부활하는 날까지
연습을 계속한다

벽

지친 몸으로 돌아올 때
따뜻한 미소로 맞아 주고
어이없는 실수로 괴로워하면
말 없는 진심으로 격려를 했지
병마의 고통에 시달릴 때도
가까이서 묵묵히 감싸 주고
무릎 꿇고 기도할 때 지켜주었지
절박할 때 함께하는
표정 없는, 말 없는 고마운 친구야
너의 따뜻한 우정 잊을 수 없구나
나의 부끄러운 삶 탓하지 않고
조용히 바라만 보는 너의 심성이
너무도 고맙구나
내가 세상 떠나는 자리에서도
포근히 전송해 줄 미더운 친구야
나는 너를 생각하며
그분의 은혜를 감사한다

파도

제주 서귀포 돌산 가는 길
푸른 바다 너무 좋아
바닷가 바위에서 잠시 바라볼 때
몰려오는 파도가 나를 향해
고함을 치며 달려온다
잠시 조용한 듯하더니 이내
분을 참지 못한 성난 모습으로 돌진해
발밑의 바위를 사정없이 치고는
거품을 하얗게 나를 향해 내뱉는다

바다는
숨겨진 내 잘못을 알고 있는가

맞수

밤이 밀려오면 낮이 사라지고
낮이 몰려오면 밤이 도망간다
승자는 온전히 지배하고
패자는 깨끗이 물러간다
비열한 수작은 없다

밤이 있어서 낮이 귀하고
낮이 있으므로 밤의 모습이 뚜렷하다
밤과 낮은 함께 살 수 없지만
서로가 서로에게 소중한 동반자
적으로 삼지 않는다

가을처럼

거침없이 휘젓는 가을바람처럼

티 없이 맑은 가을 하늘처럼

풍성한 결실의 가을 들녘처럼

그렇게 신선하고 투명하게
그리고 풍요롭게

산

산에서는 시와 음악이 필요 없습니다
그의 존재가 시와 음악입니다

산에서는 말이 필요 없습니다
그의 침묵이 정겨운 말입니다

산에서는 용서가 필요 없습니다
그의 품이 포근한 용서입니다

산에서는 위로가 필요 없습니다
그의 표정이 따뜻한 위로입니다

그분을 닮은 산은 언제나
오라고 오라고 손짓합니다

하나되는 강물

양평 두물머리*
남쪽 들녘을 지나온 물과
북쪽 산골을 흘러온 물이 만난다
남과 북의 다른 산야를 거쳐 왔지만
낯가림하며 당황해하지도 않고
내 편 네 편 가르며, 으르렁거리지도 않으며
얼싸안은 한 몸 되어 흘러간다
시시비비하지 않고
이기려는 마음이 없이
더 깊고, 더 넓은 물 되어 평화롭게 흐른다
품속에 사는 것들 안고서
방해물은 돌아서 언덕은 뛰어내리며
주기만 하고 받을 맘 없이
아래로 아래로 거침없이 흘러간다
모두에게 인사하며
넓은 곳 바다를 향해 넘실대며 간다

*두물머리 : 북한강과 남한강이 만나는 곳

새 달력

끝없이 이어지는 시간
토막내 해(年)로 만들고
해를 나눠 달을 구분하고, 달을 쪼개 날을 표시한
살아보지 못한 시간들이
칸칸이 가득하다

장마다 그려진 풍경이
맞이할 자연을 보여 주고
일 년 365일 오지 않은 날들이
차례를 기다리는 아이들같이
가지런히 도열해 있다

칸마다 무슨 내용이 채워질까
어떤 흔적이 남을까
순백의 지면들이
백지 노트처럼, 그림 없는 화판같이
말없이 기다리고 있다

산길

험준한 산곡 외길이다
산바람 몰아치고 돌이 구르고
이상한 소리 들려오는
험한 산길
앞서 가던 사람 만나기도 하고
늦게 떠난 사람들이 앞지르기도 한다
숨은 차오고 힘이 겨워도
기진한 사람 만나면 부축을 하고
뒤따르던 사람의 도움도 받으며
여기까지 왔다
어느덧 해는 서산에 얹히고
산 너머 산길이 이어져 있는데
함께 오던 사람들은 보이지 않는다
길은 험하고 인가도 없고
먼저 내려간 사람들 소식도 없다
어둠이 내리는 초행길
제대로 갈 수 있을까
홀로 가는 그곳
무사히 도착할 수 있을까

누구일까

흔하디흔한 바위였는데
은은한 미소로
속세를 교화하는 석불이 되고

무리지어 자라는 나무였는데
절절한 소리로
사람들 심금을 울리는 피리가 되고

밟히는 흙이었지만
하늘의 마음을 품은
소중한 보물 청자가 되었네

누구일까
다듬고 닦아 혼불을 불어넣어
하늘의 것을 만든 이는

밤

침묵의 장엄한 세력
기척도 형체도 없이 천하를 뒤덮는다
창세 전 우주를 지배하던 그답게
암흑의 깃발 휘날리며 모두를 압도한다
포성 없이 천하를 휩쓰는 점령자
우주에 가득한 위세
거대하고 신비한 그 앞에
누군들 작아지지 않을까
좌충우돌 소란하던 만상이
예의를 갖춰 정숙하고
하늘의 별들이 찬란한 빛으로 영접한다
언젠가 그의 품에 안길
천방지축 날뛰던 사람들도
그 신비한 마력에 홀려
본래의 모습 아늑한 휴식을 연습한다

기도

자유하지만 방종하지 않으며
확신을 갖지만 맹신하지 않고
감정이 풍부하나 경박하지 않게 하소서

소망 속에 살지만 허황하지 않고
겸손하지만 비굴하지 않고
사랑이 지나쳐 감상이 되지 않게 하소서

좌로나 우로나 치우치지 않고
모자라지도 지나치지도 않은
온전한 삶 살게 하소서

박수민 산문집
비교될 수 없는 가치

2019년 10월 15일 초판 인쇄
2019년 10월 20일 초판 발행

지은이 / 박수민
발행인 / 강병욱

발행처 / 도서출판 교음사
편 집 / 隨筆文學社 出版部

03147 서울 종로구 삼일대로 457 수운회관 1308호
Tel (02) 737-7081, 739-7879(Fax)
e-mail : gyoeum@daum.net
등록 / 제2007-000052호

---

* 잘못된 책은 바꿔 드립니다. 값 12,000원

ISBN 978-89-7814-758-3 03810

이 도서의 국립중앙도서관 출판예정도서목록(CIP)은
서지정보유통지원시스템 홈페이지(http://seoji.nl.go.kr)와 국가자료종합목록
구축시스템(http://kolis-net.nl.go.kr)에서 이용하실 수 있습니다.
(CIP제어번호 : CIP2019040951)